天
Borderless
下

天下，在乎正义和你

法学学位论文写作方法

第4版

Writing Methods on Theses of Legal Degrees

4th Edition

梁慧星　著

法律出版社 LAW PRESS·CHINA
北京

图书在版编目（CIP）数据
法学学位论文写作方法 / 梁慧星著. -- 4版.
北京：法律出版社, 2024. -- ISBN 978-7-5197-9369-2
Ⅰ. G642.477
中国国家版本馆 CIP 数据核字第2024XK5526号

法学学位论文写作方法（第4版）
FAXUE XUEWEI LUNWEN XIEZUO FANGFA(DI 4 BAN)

作　　者：梁慧星
策划编辑：王　珊
责任编辑：王　珊
封面设计：贾丹丹
出版发行：法律出版社
编辑统筹：学术·对外出版分社
责任校对：裴　黎
责任印制：胡晓雅　宋万春
经　　销：新华书店
开　　本：A5
印　　张：5.5
字　　数：79千
版　　本：2024年10月第4版
印　　次：2024年10月第1次印刷
印　　刷：北京中科印刷有限公司
书　　号：ISBN 978-7-5197-9369-2
定　　价：49.00元

销售电话：010-83938349　客服电话：010-83938350　咨询电话：010-63939796
地　　址：北京市丰台区莲花池西里7号(100073)
网　　址：www.lawpress.com.cn
投稿邮箱：info@lawpress.com.cn
举报盗版邮箱：jbwq@lawpress.com.cn
凡购买本社图书，如有印装错误，我社负责退换。电话：010-83938349

第4版序言

这本小书初版于2006年。2017年修订第3版上架,迄今已有七年。据说,对研究生撰写学位论文颇有帮助。

中国之引进学位制度,不过百年。学位论文的写作,有别于传统语文课的论说文写作。对法学硕士研究生、博士研究生而言,完成一篇合格的学位论文,是获得学位的必要条件。学位论文的写作过程,即是学术研究的过程。法学研究生,通过学位论文的写作,亲历学术研究全过程,初步掌握学术研究方法、法律文体写作方法,为将来从事各种法律职业奠定基础。

现在的研究生就业压力大。有的忙于找工作,耽误学位论文写作。临近毕业,工作未找到,学位论文也没完成。我此前指导研究生,要求入学伊始就考虑研究方向和学位论文选题,在第一学年下学期确定论文选题,至迟第二学年上学期动笔写作。尽早完成学位论文,为找工作预留充裕时间。许多学校规定,在学术刊物上发表两篇论文,是申请学位论文答辩的前提条件。有的学生因忙于写作刊物论文,影响了学位论文的撰写,刊物论文发表符合了要求,学位论文却没有完成;有的学生按时完成了学位论文,发表刊物论文的条件却未具备,以至影响学位论文答辩(或影响学位授予)。建议将学位论文的写作与刊物论文的写作合并考虑,于学位论文写作过程中,选取可以独立成篇的一两个章节,加工成单篇论文,尽早向刊物投稿。到学位论文完成时,投稿已经发表或至少已被编辑部确定采用。

本次修订,对全书内容作了审定,改正错字,少数段落有所添加和删改。请读者留意。

作者

2024年1月16日

于荒凉山庄退庐之听风阁

第3版序言

古人云，文无定法。这绝不是说写文章可以不讲究方法。撰写学位论文，尤其如此。学位论文写作方法，既不复杂，也不难懂——关键在用实例示范。这本小书的骨架，是20世纪90年代初，我给民法博士生讲学位论文写作方法的讲课提纲。出版时稍加整理，补充自己认为比较成功或者不成功的博士论文、硕士论文作为示例。这些实例有的选自《民商法论丛》和“中国民商法专题研究丛书”接受的投稿，也有的选自我参加的学位论文答辩。凡成功的实例，多注明论文作者；不成功的实例，则不予注明。本书2006年初版，2012年第2版。第3版除改正错字外，增加了关于“法律文体”的论述及个别实例，请读者留意。

作者

2016年12月28日

于昆明郊区荒凉山庄之退庐

目录

Contents

引　言

(一)写作方法的意义

先谈方法的重要性。德国著名哲学家、逻辑学家阿·迈纳(Albert Menne)于1980年出版《方法论导论》一书。书中指出:凡事均离不开方法,科学更是如此。例如,要建造一个小屋,必须考虑三个问题:第一,确定目标:在什么地点、建造什么用途的、什么样的小屋?第二,条件:建筑材料、工具、资金、场地、官方许可、道路、生活用品的供给等。第三,实现目的的方法。方法的含义是:在给定的条件下,为达到目的,所采取的行动、手段、方式。但方法的重要性,无论在现实生活中还是科学研究中,都未受到应有的重视。(参见[德]阿·迈纳:《方法论导论》,王路译,生活·读书·新知三联书店1991年版,第5~6页。)

在科学研究领域,我们常常评价一个人是否具有科学研究能力,或者评价其科学研究能力的高低,却很少考虑科学研究能力究竟是由哪些内容(素质)构成的。换言之,科学研究能力包括哪些内容(素质)?有一种误解，认为知识就是能力，知识越多，能力越强。但是，我们也发现这样一种人，他们具有丰富的、广博的知识，却不会写文章，特别是不会写学术研究论文，甚至不会讲课。他们的知识虽多，却不会运用。学生议论某个教员：肚子里面知识不少，但就像茶壶煮汤圆，倒不出来。这样的人，只能做资料工作。他们究竟缺少什么？他们缺少科学研究能力。

按照我的经验，**人文科学研究的能力，主要是三部分：中文写作能力；外语能力（至少是阅读、笔译等能力，能够听说译写更好）；方法。其中方法包括写作方法、研究方法等。**有人会问，方法难道不是知识？我的回答是：方法也是一种知识，但方法不是一般的知识，它是运用知识和获取知识的知识。

谈论写作方法，我们会想到这样的现象：一些著名作家、文学家，往往没有上过中文系，而许多中文系毕业生，反而成不了作家。讲授中文、文学、小说写作课的教师，不少人写不出文章，写不出小说，至少是成不了大作家。而大作家如鲁迅、郭沫若，也确实没有上过中文系。这不能说明方法不重要。方法并不是只有在课堂上才能学到，还可以在阅读中学,在写作中自己摸索。

以读小说为例,经常阅读小说的人何止千万,但绝大多数并没有通过阅读小说而成为作家,甚至连一封信都写不好的也大有人在。但的确有人通过阅读小说成了作家,成了名作家,成了大作家——鲁迅、郭沫若不就是明证吗?可见,阅读小说有不同的读法,多数人读故事,少数人"读"方法。读法学论著也是一样,多数人读知识,少数人除了解其中的知识、理论观点、重要信息、资料以外,还学习其写作方法。这就是我们的课堂上并不讲授法学论文的写作方法,而确有不少中青年学者的论文写得很好的原因。他们通过阅读别人的论文、论著,学习掌握了法学论文的写作方法。当然,也有不少人的论文写得不怎么样。论文写得不好,有的是知识不足,有的是中文能力不够、外语能力不够。有的确有知识,外语也不错,论文写不好,是因为没有掌握法学学术论文的写作方法。可见论文写作方法的重要性。

(二)关于学术论文的一般理论

1. 学术论文是用来表述学术研究成果的一种文体

学术论文的上位概念是论文(议论文)。论文与其他文体如记叙文、抒情文的区别在“论”,即论述、论证、论辩、论说。论文,以是否具有学术性为标准,可以分为学术论文与非学术论文。非学术论文,指一般报纸、期刊、杂志上的论文,例如,社论、评论、短论、时评、特约评论员文章等。学术论文,包括学术刊物上的学术论文、专题研究论文(长篇专题研究论文即所谓专著)、学位论文,是用来表述科学研究成果的文体。

2. 学术论文的大致分类

学术论文可分为一般学术论文、研究性学术论文。

一般学术论文,指学术刊物上的学术论文,一般篇幅较短;研究性学术论文,包括长篇专题研究论文、硕士学位论文、博士学位论文。

3. 研究性学术论文的写作过程即学术研究过程

社会科学研究,尤其是法学研究,研究的对象主要是法律、法规、司法解释、法院判例、法学论著等文本,属于文本研究。即使所谓法社会学研究,进行问卷调查和统计、分析,最终也要归结为文本研究。

文本研究的过程,也就是写作论文的过程,分析文本、研究文本、写作论文是同时的,不可截然区分。因此,研究性学术论文的写作过程,即学术研究过程;学术研究的成果,即所完成的学术论文。研究所得到的结论,称为基本学术见解,只是到了论文写作完成之时,亦即学术研究过程终结之时,才最终形成。

非学术论文和一般学术论文则不同,基本见解早就存在,下笔之时,主题思想已经有了,俗话说已有“成竹在胸”。论文的写作过程,不是研究过程,而是表达过程。其中进行论述、论证、论辩、论说,是为了表述已经存在的主题思想、基本见解。研究性学术论文中的论述、论证、论辩、论说,主要是为了研究,为了得出研究结论,即形成基本见解。

（三）关于法律文体

法律文体，分为法律学术文体与法律实用文体。法学报纸期刊上的论文、法学专题研究论文、法学专著、法学教科书及法学博士论文、法学硕士论文、法学本科毕业论文和学年论文等，属于法律学术文体；判决书、裁定书、公诉书、裁决书、起诉状、答辩状、合同书等，属于法律实用文体。

法律文体与文学文体的差别何在？难道不都是中文？不都是用汉语词汇？**根本的差别在于，法律文体特别要求准确性、一义性，绝不能模棱两可，不能含糊其词，不能语义朦胧，必须只有一个含义。**文学文体则不然，文学文体有意使语义朦胧，给读者留下猜想的可能性。人们常说，一百个读者，就有一百个哈姆雷特，这就是文学文体的本质特征。文学文体可以采用各种修辞方法，如比喻、拟人、夸张。例如，“白发三千丈”“飞流直下三千尺”，白发真有三千丈？瀑布真有三千尺？法律文体就绝对不行。无论是学术文体，如法学教科书、法学专著或者各种法学论文，还是实用文体,如起诉状、答辩状、判决书、裁决书、合同书,都必须一是一、二是二,必须准确无误、确定无疑,一句话、一个词必须只能有一种理解、一个含义,不能有两种理解、两个含义!不允许丝毫的模棱两可、语义朦胧。

请注意,语言具有多义性、模糊性,而我们的中文更是如此。你看网上流传的那些所谓朦胧诗、所谓乌青体,究竟是什么意思?一个词语本身就有多种含义,有所谓本义、引申义、转义,撰写文学文体正好利用语言的多义性、模糊性,有意造成语义朦胧、语义含混,让不同的读者读出不同的含义。但是,撰写法律文体,绝对不允许出现多义性、出现模棱两可,绝对不能出现两个含义、三个含义。可不可以这样说:语言的多义性、模糊性,恰好是法律文体的大敌!法律文体,无论是学术文体如博士论文、硕士论文、专著和教科书,还是实用文体如判决书、起诉状、答辩状、合同书,都必须同语言的多义性、模糊性作斗争,消灭语言的多义性、模糊性。

法律文体还特别要求逻辑性、说服力。法律文体的说服力,是指我们撰写学术论文、学位论文以及起诉状、答辩状、判决书、裁决书等法律文件,不仅要用词准确,意思明确,而且要靠文章本身严密的逻辑性,使之具有很强的说服力,据以说服特定的人。说服谁?法学专著、教科书是说服读者、法科学生;博士学位论文、硕士学位论文,首先是说服写评语的专家、论文答辩会的专家;判决书、裁决书,是说服双方当事人;起诉状、答辩状,是说服法官!**法律文体具有严密的逻辑性,才能够有说服力。逻辑混乱、语义含混、层次不清,怎么能够具有说服力?**

怎样才能掌握法律文体的写作方法,提高法律文体的写作能力?除法学院开设的汉语课、法律文书写作课之外,主要靠在本科生期间撰写课程论文、学年论文和毕业论文,在研究生期间撰写硕士论文和博士论文。写作能力是训练出来的;不多写、多练法律文体,不可能真正掌握法律文体写作方法,不可能真正提高法律文体写作能力!

现在有一种倾向,许多本科生不认真对待课程论文、学年论文、毕业论文的写作,甚至一些硕士研究生也不认真对待硕士论文的写作。他们上网搜索,输入题目或者关键词,一下子搜到好多篇文章,然后通过电脑剪贴功能,剪裁、粘贴拼凑出一篇论文。更有甚者,把别人的文章下载下来,改头换面,署上自己的名字,作为自己的论文交差了事。这样的同学,将来从法学院毕业,当了律师、法官,担任企业法务,能够上网下载别人的起诉状、判决书、合同书来剪裁拼接吗?! 现在许多学校对于硕士学位论文、博士学位论文,都要用专门的软件进行检测,达不到标准的不能提交答辩。所以我们应当高度重视、认真对待论文写作,提高法律文体写作能力,掌握法律文体写作方法。

(四)学位论文的“要素”

一篇学位论文、学术研究论文由哪些要素构成?这是讲学位论文写作方法首先要回答的问题。从学术研究的实践看,一篇学位论文首先要确定研究课题。你究竟要研究什么?总不能“无的放矢”!这个“的”(靶子)就是你的“选题”。论文评审专家和答辩委员会成员首先要审查论文的选题是否有理论意义。可见,“选题”是第一个要素。

选题确定后,要调查收集研究资料,然后对这些资料进行研究,通过对这些资料的研究得出你的研究结果。法学研究属于“文本研究”,即对各种法律文本、法学文本的研究。这些文本统称“资料”。俗话说,“巧妇难为无米之炊”,“资料”就是做饭的“米”。论文评审专家和答辩委员会成员总要审查论文所依据的“资料”是否充分、翔实。可见,“资料”是第二个要素。

一篇学位论文总要有一个结构,由几个部分(编、章、节)构成,好比一座建筑物由基础部分、屋顶部分和若干楼层构成一样。评审专家和答辩委员会成员总要审查论文的结构是否完整、合理。可见,“结构”是第三个要素。

从事学术研究与从事别的工作一样,总有一个采用什么方法的问题。法学学位论文通常不止采用一种研究方法,而是以某一种研究方法为主,兼采几种别的研究方法。评审专家和答辩委员会成员总要审查论文所采用的研究方法是否适当。可见,“方法”是第四个要素。

学术研究和学位论文涉及各种理论分歧时,作者要表明自己的意见。这些作者自己的意见,以及研究终结时作者所得出的基本意见,就是作者的见解。如果没有“见解”,就不成其为论文,而属于“资料汇编”。评审专家和答辩委员会成员总要审查有没有作者自己的见解,有没有创新性的见解。可见,“见解”是第五个要素。

作者的思想、见解必须形诸文字,才能构成一篇可供阅读、评审的学位论文。学位论文的文字是否精炼,行文是否流畅,有没有文采,即文章写得好不好,也是评审专家和答辩委员会成员审查、判断学位论文水准的一项标准。因此,“文章”是学位论文的第六个要素。

学术研究的规律是“求异存同”,尽量说别人没有说过的话,说与别人不同的话。不仅要能够自圆其说,还要有一个正确的态度。当你提出新的学术见解和立法建议时,要对学术、对科学、对社会、对国家、对民族负责。这就叫学者的“社会责任”,是学位论文的第七个要素。(见图1)

图1　学位论文的七要素

下面讲第一个要素:选题。

一　学位论文的选题

(一)选题的意义

1. 选题,是学术论文写作的开端,实际上就是选择和确定研究课题、研究方向的过程,是极为重要的一步。(参见徐振宗、李保初、桂青山编著:《汉语写作学》,北京师范大学出版社1995年版。)

2. 选题,也是科学研究能力之一。科学研究总是从选题开始,不会选题,即不具有从事科学研究的能力。

3. 博士、硕士学位论文的选题,是决定论文能否成功的关键。

有的导师预先拟定若干题目,再分配给学生。这样也有可能完成较好的学位论文。但学生没有学会如何选题,其学术研究能力有欠缺,缺乏选题的能力。不掌握选题和题目设计的方法,就只能参加别人的课题组,承担部分章节的研究写作,而不会自己设计课题,不能担任课题组负责人。现今所谓"学科带头人",选题能力是其重要素质之一。

博士、硕士研究生应当在第一学年结束前确定选题。

（二）课题选定

课题选定的四项要求：

1. 有学术性、理论性
2. 有实践性、针对性
3. 有充足的资料
4. 能够扬长避短

1. 有学术性、理论性

答辩委员会成员审查学位论文，首先是判断其选题是否具有学术性、理论性。审查后，如果得出选题没有学术性、理论性，或者学术性、理论性较小的判断，该论文是否能够通过就成了疑问。可见，缺乏学术性、理论性的课题，亦即纯粹技术性的、实用性的课题，不适于作为学位论文的选题。例如，所谓“执行难”“裁判不公”等虽说是现今社会生活中重大的法律问题，但不是学术问题、理论问题，不适于选作学位论文的课题。有的属于政策性、对策性课题，也不适于作为学位论文选题。

学位论文的选题一般应是:研究一项法律理论、原理,或者研究一项法律制度,或者研究一个法律原则,或者研究一个法律概念。

答辩委员会成员或者评审专家在评价一篇学位论文时,所说该课题具有较强的学术性或理论性,是针对什么而言的呢?换言之,判断一篇学位论文学术性、理论性之有无、大小的标准是什么?

符合下述五种情形之一,即可认为该选题具有学术性、理论性:

其一,补白性选题。

这一课题前人没有研究,至少是国内法学界没有作过研究,这叫补白。填补学术研究的空白,属于有学术性、理论性。

其二,开拓性选题。

这一课题前人虽然有所研究,但成果很少,仅有几篇一般性文章,或者仅研究其个别部分、个别侧面而不是全部,论文将研究的范围拓宽了,研究的程度加深了,作了系统、全面、深度的研究,这叫有开拓性,属于有学术性和理论性。

其三，提出问题性选题。

这一课题是社会生活或法律生活中出现的新情况、新问题，过去没有或没有意识到，当然更谈不上研究，现在提出这一问题本身就具有价值，标志着学术研究的进步。也许论文还做不到系统、全面、深入的研究，不过其学术性和理论性就表现在率先提出问题。

其四，超越性选题。

这一课题前人已经作过很多研究，可能已经形成通说，但论文根据社会生活的重大发展、法律背景的重大变化，总结实践中的新经验，回答了实践中的新问题，所作出的研究成果超越了前人所达到的程度和水准，当然具有学术性和理论性。

其五，总结性选题。

这一课题在不同的时代、不同的国家都有很多研究成果，不同的研究都有所侧重，有其局限，有所不足，论文在前人所取得的研究成果基础上作系统、全面、深入的带总结性的研究，即所谓“集其大成”，当然具有学术性和理论性。

2. 有实践性、针对性

一个课题虽然有学术性和理论性，但如果在现代法治中已经没有地位,现代社会不发生这样的问题,那么你的研究对我们的国家、民族的发展进步有什么用处,对于增进民主、法治和人权有什么意义?这叫不具有实践性、针对性。要求选题具有实践性、针对性,主要是针对属于实用法学的学科,如民法学、刑法学、诉讼法学、经济法学等学科而言的。而对于属于理论法学的学科,如法哲学、法理学和法史学等学科,就不能要求其具有实践性、针对性。法哲学、法理学研究的目的是探求法律和法学的规律性,法史学研究(包括中国法制史、外国法制史、法律思想史研究)的目的是探求历史的真相,当然不能要求什么实践性、针对性。

须注意的是,有的课题,在当时可能没有什么实践性、针对性,如20世纪80年代初期,研究破产法,研究期货、证券制度,往往会被人指责缺乏实践性、针对性。**谈论实践性当然不能局限于当时,要预见到社会的发展。**第一篇以“证券交易法律制度研究”为题的博士论文在选题时,我国还没有证券交易所;第一篇研究建筑物区分所有权制度的博士论文在选题时,北京还没有几座公寓式大厦,住宅商品化政策还没有出台。能够说这样的选题没有实践性吗?

这里特别要指出,我们的国家正在成为一个真正的世界大国,这要求中国法学研究与世界大国的地位相符,要求尽量拓宽法学学位论文的选题范围!不仅要研究发达国家的法律,而且要研究发展中国家的法律,要研究我国周边国家的法律。当前特别要强调,研究“一带一路”有关国家的法律,研究金砖国家的法律,研究上合组织成员国家的法律,研究一切有中国企业、中国旅游者和中国商品到达的国家和地区的法律,不仅具有实践性、针对性,而且具有紧迫性。故对所谓选题的实践性、针对性的理解,不可绝对化。

3. 有充足的资料

法学研究属于文本研究的性质决定选题还应当考虑一个重要问题:资料是否足够?有的选题虽然有很强的理论性和实践性,但缺乏足够的资料,不可能成就一篇高质量的学位论文。因此,选题是否适当,不能只看学术性、实践性,一定要考虑资料是否充足。没有充足的资料,再好的选题,也应舍弃,不可勉强。**正如俗语所说,“巧妇难为无米之炊”,资料不够,是不可能写出符合要求的学位论文的。**如果论文写到中途,因为资料缺乏,写不下去,不得不重新更换选题,就被动了。

4. 能够扬长避短

兵法上说“知己知彼,百战不殆”。学术研究何尝不是如此? 前述三项要求,目的是做到“知彼”,即了解研究对象。第四项要求,是要“知己”。**了解自己的长处和短处,尽可能回避自己的短处,发挥自己的长处。**

判断自己的长处、短处,主要考虑以下三个方面:

其一,是否擅长抽象思维。

有的人擅长抽象思维,擅长论辩,而有的人却不擅长抽象思维,不擅长论辩。阅读的范围宽,哲学、经济学、历史学等著作读过不少,自然喜好辩论,擅长辩论。除专业著作外,很少读其他著作,对哲学、经济学、历史学缺乏兴趣,自然不擅长抽象思维。在选题时一定要考虑自己的长处、短处,使所选题目符合自己的长处,并避开自己的短处。

法学学术论文选题,大抵可以分为两种类型:

(1)理论型选题;

(2)制度型选题。

法理学领域的课题大抵属于理论型，就是民法领域也有理论型课题。不过迄今较优秀的民法博士学位论文，属于制度型选题的较多。

在写作的难易程度上，理论型选题较难，制度型选题较易。理论型选题，需要作者有较强的抽象思维能力和驾驭理论的能力，擅长抽象思维的人可以充分发挥其长处。不擅长抽象思维的人如果选理论型选题，就会很吃力，感到难以驾驭，讲不出多少道理。这些人就应当回避理论型选题，而选择制度型选题。

制度型选题所研究的是中国或者外国某个法律制度。法律是一种存在（虽然不同于物质存在）。法律制度，如民法上的各种制度——法人制度、时效制度、抵押权制度、建筑物区分所有权制度、相邻关系制度等，是一种制度存在，有其概念、定义、内涵、外延，有其构成、内容、目的、功能等。相对而言，这类选题容易把握、驾驭，容易成功。但一个擅长抽象思维的人选了制度型选题，就难以发挥其长处。在博士、硕士研究生阶段，由于时间、精力及知识积累的限制，擅长抽象思维的人，很可能不擅长制度研究。选择了制度型选题，也可能正是其短处。

其二,掌握外语种类及程度如何。

各人掌握外语的语种和程度有不同。一个英语很好的博士生选择一个大陆法系上特有的制度,长处得不到发挥,并且正好是其短处。例如,法律行为制度属于大陆法系民法特有的制度,由于英美法系没有对应的制度,英语很好也用不上,有很多德国、日本资料却不能利用(只能利用翻译资料),你叫他怎么能够完成一篇高水准的学位论文?反之,一个德语、日语很好的博士生,选一个英美法系上特有的制度,也是如此。例如,英美财产法上的Estate,是罗马法所未有的制度,大陆法系民法并无对应制度,要选这样的选题非精通英语不可。同样,研究德国民法上的物权行为制度和理论,非精通德语不可。

其三,专业知识上的长处和短处。

现在的硕士生、博士生,大抵在专业知识上有所欠缺或偏重,因此在选题时要注意回避自己的短处。例如,对某个外国的法律掌握较好,而对国内的法制反倒很生疏,如选择研究该外国法律制度的选题,可以扬长避短。这里顺便提到研究外国法律制度的价值问题,有的人认为研究外国的法律制度没有什么创造性,从而否定其学术价值。应当肯定，把某个外国的某项法律制度或者法律理论研究清楚，使之体系化、条理化，使我们能够准确了解和把握，供作理论研究、教学乃至立法的参考，这就是创造性，就是学术价值。

考虑到法律硕士专业学位教育的特点，2006 年修订后的《法律硕士专业学位研究生指导性培养方案》规定，法律硕士学位论文应以法律实务研究为主要内容，并可以不拘于学术论文的形式，而以案例分析、研究报告、专项调查报告代替学位论文。无论是撰写学位论文，还是撰写案例分析、研究报告、专项调查报告，都可以考虑选择与其本科专业相关的选题，以发挥其专业知识的长处。

（三）题目设计

题目设计的四项要求：

第一项要求：题目要新颖

第二项要求：题目与内容相符

第三项要求：题目大小适当

第四项要求：注意扬长避短

第一项要求:题目要新颖。

一篇学位论文的题目就是该学位论文的名称,类似于自然人的姓名和法人的名称。给学位论文设计一个题目,首先要明示作者所研究的对象,使读者(更重要的是答辩委员会成员)一望而知作者所研究的是什么;其次要确定一个研究的最佳角度,将自己的研究限定在一个适当的范围,选择一个最好的切入点,现在时髦的说法叫“进路”;最后还要能够引起读者的阅读兴趣。

题目一般化,甚至千篇一律,千人一面,不可能给读者和答辩委员会成员、评定论文的专家以好的第一印象。有一个时期,很多法学论文的题目雷同,都是关于什么什么的几个问题,关于什么什么的若干问题,或者关于什么什么的三论,显然不能给人以好的第一印象。一般化的题目还会起反作用,读者心里想,连一个新颖一点的题目都拟不出来,可见作者的能力不怎么样!答辩委员会成员则会怀疑作者是否具有独立从事科学研究的能力。切不可因小失大!

不适当的博士论文题目设计的实例:

商法若干理论问题研究

作为对照,举一些较好的博士论文题目设计为例:

国际贸易惯例基本理论问题研究

国际贸易中银行担保法律问题研究

国际货币基金协定研究

抵押权制度研究

违约损害赔偿研究

契约附随义务研究

侵权行为法上的安全注意义务研究

人工生殖法律问题研究

债权让与制度研究

商标法的符号学分析

英美法对价原则研究

国际海运承运人责任制度研究

离岸金融的法律问题研究

法律因果关系理论研究

英美侵权法中的因果关系研究

第二项要求:题目与内容相符。

要求题目能够涵盖论文的全部内容。**题目是关于某某制度的研究,但论文的内容只是研究该制度的一个方面或一个**

部分,或者论文内容超出题目的范围,都是内容与题目不符。当然,不是说该制度的一切方面、全部内容都要研究,而是要求题目应涵盖该制度的主要方面、基本内容。如果不是这样,就要调整题目。

举一个实例(博士论文):

题目:

违约责任及其比较研究

目录:

第一章　违约责任概述

第二章　违约责任构成理论的基本研究

第三章　违约行为研究

第四章　归责事由研究

第五章　救济措施研究

这不能算一个好的题目设计。因为题目中使用了“及其”一词,相当于英文中的“and”,给读者的印象是:本文要研究两个课题:一是违约责任,二是违约责任的比较。但从内容看,作者的意思大概是:采用比较研究的方法研究违约责任。可以改为“违约责任研究”,或者“违约责任的比较研究”。

问题还出在第五章。“违约责任”与“违约救济措施”是既有联系又有区别的两个不同概念,而违约救济措施超出了违约责任概念的外延。违约救济措施有多种,其中有的属于违约责任形式,有的不属于违约责任形式。简言之,论文题目涵盖不了第五章的内容。这是文题不符的例子。

再举一实例(博士论文):

题目:

期货市场风险管理的法律机制研究

从题目本身看,作者所要研究的范围很明确,似无问题。但我们看论文目录:

……

第二章　期货市场风险研究

第三章　期货市场风险管理机制的比较研究

第四章　建立我国期货市场风险管理法律机制的思考

第五章　期货交易所及其会员的法律地位

第六章　期货结算机构及其会员风险管理的法律机制研究

第七章　期货经纪商的法律地位及风险控制

第八章　期货交易的民事责任研究

第八章显然超出了题目所限定的研究范围。民事责任,即使是期货交易中的民事责任,也不能说只是风险管理的法律机制。因为“民事责任”不是“风险管理”的下位概念。当然,作者有理由说期货交易中的民事责任,可以发挥风险管理法律机制的作用。但这绝不是期货交易中的民事责任所发挥的作用的全部。因此,第八章的内容已超出题目的范围,导致文题不符。解决的方法:一是干脆删去第八章;二是调整题目,如加一个副题:

期货市场风险管理的法律机制研究

——兼论期货交易中的民事责任

以前面提到的博士论文为例:

题目:

商法若干理论问题研究

其内容包括六章:

第一章　商法的产生、演变及大陆法系商法和英美法系商法

第二章　商法的调整范围及对经济关系的深刻影响

第三章　民商分立与民商合一的理论评析

第四章　传统商法向现代商法的演变及特征

第五章　商法在中国的历史命运和在市场经济条件下的新生

第六章　商法在我国法律体系中的地位

从各章标题看，能够说各章的内容都是商法的理论问题吗？都是商法的重要理论问题吗？都是商法的基本理论问题吗？恐怕不能。应当肯定，本文内容之大部分非理论问题，至少非重要理论问题，属于典型的文题不符。顺便提到，其结构亦不合逻辑，并且不符合博士论文的其他要求。

再举一个文题不符的实例（博士论文）：

题目：

财产权概念

——一种契约的视角

目录：

导言：财产权的契约视角

第一章　财产权的概念分析

第二章　财产权结构的要素分析

第三章　财产权的规则分析

第四章　财产权的救济分析——英美合同法的视角

结论

论文题目是"财产权概念"，而"财产权概念"与第二、三、四章标题中的"财产权结构""财产权的规则""财产权的救济”,是处于同一层次的。无论如何,第二、三、四章的内容,不能为论文题目“财产权概念”所涵盖。因此,属于文题不符、题目太窄。如果从本论四部分的标题看,本文主题是“财产权研究”,而非“财产权概念研究”,因此,应当从题目中删去“概念”二字。如果从“导言”第三自然段,作者自述“本文的主题是,在广义的财产权的框架内,以契约作为分析财产权的起点和工具”来看,其是研究“广义财产权”而非“狭义财产权”,因此应当在论文“题目”中加上“广义”二字。如果考虑到本文主要分析的是英美法上的广义财产权,并未研究大陆法上的财产权问题(大陆法上的财产权概念并无广义、狭义之分),则还应当在论文题目中加上“英美法”三字,以使文题相符:

英美法广义财产权研究

——一种契约的视角

目录:

导言:财产权的契约视角

第一章　财产权的概念分析

第二章　财产权结构的要素分析

第三章　财产权的规则分析

第四章　财产权的救济分析——英美合同法的视角

结论

还有一个文题不符的实例(博士论文):

题目:

物权与债权区分理论之研究

——以对债权“物权化”的评析为中心

目录:

这是一篇典型的文题不符的论文。论文题目表明,本文的研究对象是“物权与债权区分理论”,按理首先应当告诉读者,什么是物权与债权区分理论,这个理论产生、形成的法律背景和历史条件,这个理论由谁最先提出,其提出的理由、论据,什么时候被学术界接受,什么时候被哪一个国家的立法所采用,在立法上是如何规定的,又为哪些国家立法所效仿,最终成为近现代民法共同采用的理论和原则。

值得注意的是,作者未对物权与债权区分理论作任何的研究。全文实际是梳理所谓债权物权化的几种途径或类型。换言之,论文的内容与论文题目“物权与债权区分理论”几乎不相干。既然如此,为什么不丢开现在的题目,直接以“债权物权化”(副题)作为论文题目呢?

第三项要求:题目大小适当。

题目太大,必然空泛;题目太小,容量不够。题目大小,决定论文篇幅长短。硕士学位论文,一般三四万字,长的五六万字。博士学位论文,一般要求二十万字以上。写博士学位论文,题目太小,写三五万字就没什么话说了;或者写硕士学位论文,题目太大,写到十来万字还打不住;勉强写成一篇学位论文,浅浅的、泛泛的,没有什么深度。这些都是因为题目太大、太小,不适当。**题目的大小,关系论文的成败,不可小视。**

我国台湾地区著名民法学者王泽鉴先生曾特别谈到这个问题。他说,目前台湾地区各大学硕士学位论文题目过大,且多有重复,但有日益精致的趋势。王泽鉴先生列举了他认为大小适当的硕士学位论文题目:

假设因果关系与损害赔偿

物之使用利益与损害赔偿

损害赔偿法上的求偿关系

第三人与有过失

第三人利益契约之不完全给付

不当得利研究

不当得利法上之所受利益不存在

法规目的论与相当因果关系

继承回复请求权

亲属间的侵权行为

这些都是王泽鉴先生认为比较适当的硕士学位论文题目。假设我们将这些作为博士论文的题目,大多数容量太小,容纳不下二十万字。

《民商法论丛》自1994年创刊以来,所选刊的硕士学位论文已有不少,一般题目大小适当,可供硕士生选题时参考:

商业秘密法基本问题研究

同性恋者人权保护研究

缔约过失制度研究

国际民事诉讼中的平行诉讼问题

预约合同研究

不当得利研究

患者自己决定权研究

短线交易收益归入制度研究

论信用证付款银行的代位权

合作社立法问题研究

论纯经济上损失

寿险不可抗辩条款法律问题研究

民法上的说明义务之研究

上市公司收购法律制度比较研究

母公司滥用控制地位的法律责任

合同法上的减损规则研究

公司法中的雇员利益保护机制研究

利用人工生殖技术所生子女亲子身份的认定

停车合同违约责任研究

自己不动产役权探析

论不完全行为能力人的民法保护

亲属生存保障与代位继承和代位赡养

遗产税的理论与实践

论优先购买权的行使条件

互联网保险合同法律问题研究

债权让与中的解除权问题研究

论保险法上违反损害防阻义务的法律后果

机动车交通事故中的驾驶人责任研究

需说明的是，有的题目弹性较大，如“不当得利研究”。20世纪80年代《法学研究》刊登过一篇八九千字的论文；20世纪90年代《民商法论丛》刊登过两篇，一篇为专题研究，三四万字，另一篇为硕士学位论文，约八万字；而王泽鉴先生的《不当得利》一书二十多万字；日本学者加藤雅信的《不当得利研究》是博士学位论文，日文一百多万字。再如“公司人格否认论”，也属于弹性很大的题目。《民商法论丛》发表过一篇，是硕士学位论文；后来“商事法文库”出了一本同名的书，是一篇博士学位论文。这样的题目，由于弹性很大，既可以作为硕士学位论文的题目，也可以作为博士学位论文的题目。因此，考虑题目大小，还要注意题目是否有弹性。

似可得出这样一个规则：

硕士论文题目的设计，要避免过大；

博士论文题目的设计，要避免过小。

博士论文题目过小的实例1:

题目:

物权程序的建构与效应:不动产物权登记法律制度研究

目录:

第一章　导论

第二章　形式主义法律传统中的物权程序

第三章　物权程序建构的正当性标准(一):工具价值

第四章　物权程序建构的正当性标准(二):过程价值

第五章　物权程序建构的基本法律问题

第六章　物权程序的正效应(一):登记的效力

第七章　物权程序的正效应(二):权利的顺位

第八章　物权程序的负效应:登记错误及其修正

第九章　物权程序的关联效应:预告登记

结语

不动产登记制度,属于制度型选题,并且是程序性制度,其容量有限,且很难讲什么道理,大概可以写五六万字,至多七八万字,作为硕士论文选题是比较适当的,作为博士论文选题就不适当。作者显然已经意识到这一点,因此,在题目设计上花了心思。首先,在“不动产物权登记法律制度研究”之前，增加“物权程序的建构与效应”一句，并用“：”连接，目的在于增强选题的理论性和扩张其容量；其次，在论文本论部分设第二章、第三章、第四章，着重讨论“物权程序建构”的价值取向问题，目的在于展开“理论性”论述。其结果是，论文前半部分“太虚”（游离于不动产登记制度的抽象论述），后半部分“太实”（不动产登记制度本身的具体论述），给人以“两篇”独立论文被“粘连”在一起的强烈印象。答辩会上，不止一位答辩委员指出这一点。如删去第二、三、四章，将不失为一篇完整的研究不动产登记制度的论文（当然不可能符合博士论文的字数要求）。其实，以作者的专业基础、中外文水平和已经具备的研究能力，如果选一个容量较大的选题，那么无论是理论型选题还是制度型选题，都是可以完成一篇高水准的博士学位论文的。

博士论文题目过小的实例2：

题目：

合同法定解除原因研究

目录：

第一章　合同法定解除原因的基本理论

第二章　合同效力的根源——合同法定解除原因的哲学之维

第三章　合同的利益结构——合同法定解除原因的利益之维

第四章　大陆法系的合同法定解除原因

第五章　英美法系的法定解除原因

第六章　国际法律文本中的合同法定解除原因

第七章　我国合同法定解除原因研讨

这也是一篇典型的选题过小的博士论文。第一级的概念是“合同”;第二级的概念是“合同解除”;第三级的概念是“合同法定解除”;第四级概念才是“合同法定解除原因”。这一选题,一是容量太小,难以符合博士论文字数的要求;二是理论性不够,讲不出多少道理。作者已经注意到这一点,因此企图通过设计第二章“合同效力的根源——合同法定解除原因的哲学之维”、第三章“合同的利益结构——合同法定解除原因的利益之维”予以弥补。答辩委员会成员指出,第二章和第三章内容是作者为了增加本文容量和理论性而“硬加上去”的,不是“合同法定解除原因”这一题目必需的内容。删去这两章,并不损害论文的完整性。如果将题目改为“合同解除研究”，不仅符合博士论文容量和理论性的要求，也能够充分发挥作者的长处，成就一篇高质量的博士学位论文。

从这两个实例可见，**如果选题本身的容量过大，我们可以通过局限其范围、限缩其容量，设计出适当的论文题目；反之，如果选题本身的容量过小，则很难通过扩张其范围、增大其容量，设计出适当的论文题目。**这一教训，值得后来者吸取！

这里特别补充说明，我在前面谈到，不动产登记制度属于程序性制度，其容量有限，且很难讲什么道理，现在看来这一论断有过于绝对之嫌。下面举一个实例：

邹双卫的博士论文题目：

英国土地登记制度研究

——基于2002年《土地登记法》的文本考察

目录：

第一章　背景

第一节　英国土地保有制度与土地上的“权利束”

第二节　土地上的“权利束”与土地登记制度

第三节　英国土地登记制度的发展历史

第四节　英国2002年《土地登记法》的基本框架

第二章　土地登记的基本要素

第一节　土地登记的对象

第二节　土地登记机关

第三节　土地登记簿

第四节　土地登记的程序

第五节　土地登记的基本原则

第三章　土地登记的形成

第一节　自愿首次登记

第二节　强制首次登记

第三节　处分登记

第四节　保护性登记(一):针对首次登记的警告

第五节　保护性登记(二):声明

第六节　保护性登记(三):限制性条件

第七节　变更登记

第八节　逆占有登记

第九节　电子转让与登记

第四章　损害赔偿(分节略)

第五章　土地登记争议与解决(分节略)

研究结论

现今各国土地(不动产)登记制度深受英美法系托伦斯登记制度的影响。该文研究作为托伦斯登记制度典型样本的英国土地登记制度,当然具有重要理论意义和学术价值。第一章讨论英国土地登记制度的历史背景,介绍了英国土地保有制度下复杂的地产权益体系所引起的土地交易手续烦琐、交易安全缺乏保障之弊端,论述了英国土地转让市场对土地登记制度的内在需求与探索。第二、三、四、五章则从登记要素、登记形成、损害赔偿与土地登记争议解决这四个方面,系统研究英国2002年《土地登记法》的制度构成与内在逻辑。考虑到论文写作之时中国物权法规定的统一不动产登记制度尚未建立,该文的研究结论也就具有了重要参考价值。该文的特点在于,不是一般性地研究不动产登记制度,而是通过制度研究与历史研究相结合,并以英国2002年《土地登记法》为对象,研究英国土地登记制度,不仅增加了课题的容量和深度,也增强了理论性和学术价值。

第四项要求:注意扬长避短。

前面谈到选题要注意扬长避短,但在课题选定后,在已经选定的课题上,有的内容是自己的长处,另一些内容是自己的短处。因此就要在题目设计上回避短处,尽可能发挥自己的长处。

例如,选定的课题是“代理制度研究”,如果作者外语很好,掌握两门外语,一门是英语,另一门是德语或日语,以“代理制度的比较研究”为题,就能够发挥作者外语的长处;反之,外语不好,或只掌握一门外语,就不能以比较研究为题。如果作者只是英语很好,甚至对于中国法也不很精通,以“英美代理法研究”为题,就能够达到扬长避短的目的,就是很明智的题目设计。

例如,一位作者掌握西班牙语,曾经到墨西哥留学,本科和硕士都不是学法律,西班牙语是其特长,所使用的资料主要是西班牙语的墨西哥和其他拉丁美洲国家的财产法著作,墨西哥及拉美国家财产法是其特长,大陆法系国家财产法是其短处,甚至其中国财产法知识也有不足,这些短处很难在短期内弥补。显而易见,这位作者特别要避免一般性理论和比较研究。

先看其选题:

所有权研究

再看其题目设计：

所有权功能论

——财产制度历史演变和比较研究

正题已经是一般理论，将古今中外，大陆法、英美法、拉丁美洲法，涵盖无遗。其范围如此之广，难度可想而知。再加上一个副题，进一步强调“历史演变和比较研究”，更是在很大的难度上进一步增加难度。这是一个非常失败的题目设计，正好将作者的短处充分暴露出来。

假使调整一下题目设计，采取下述题目设计之一，就能够获得完全相反的效果，将作者的短处尽可能地加以回避，而将其长处尽可能地展现出来，论文成功的可能性就很大：

拉丁美洲国家财产法研究

拉丁美洲国家所有权制度研究

墨西哥财产法研究

墨西哥所有权制度研究

以下谈关于题目设计的技术性问题。

其一，题目的两种基本结构形式。

第一种结构形式：

“关于”+“宾语”+“的”+“研究”

第二种结构形式:

“论”+“宾语”

须特别注意:“宾语”必须是“名词”或“名词性短语”,不能是一个句子(宾语从句)。

第一种结构形式:“关于”+“宾语”+“的”+“研究”。举例如下:

关于抵押权制度的研究

其简体形式:“宾语”+“研究”。举例如下:

抵押权制度研究

契约附随义务研究

慈善性公益法人研究

雇主替代责任研究

法国民法外观理论研究

其变体形式:“宾语”+“的”+“研究方法”。举例如下:

信托制度的比较研究

知识产权的经济分析

商标法的符号学分析

证券民事责任制度比较研究

第二种结构形式:“论”+“宾语”。举例如下:

论抵押权制度

论传统知识的知识产权保护

论侵权法中的违反成文法义务

论成年监护制度

论占有改定

论占有脱离物的善意保护

论侵权法对一般财产利益的保护

论侵权补充责任之重构

论结婚之形式要件

其变体形式:“宾语”+“论”。举例如下:

抵押权制度论

公司人格否认论

善意取得客体论

缔约过失责任论

契约冲突法论

交易安全义务论

物权公示论

责任保险论

补充说明,也有博士论文题目仅明示研究对象,而省略

“论”和“研究”的。例如：

孙美兰的博士论文：

情事变动与契约理论

曲宗洪的博士论文：

债权与物权的契合

钟瑞栋的博士论文：

民法中的强制性规范

和育东的博士论文：

美国专利侵权救济

汪琴的博士论文：

基督教与罗马私法

其二,题目设计的规则。

学位论文题目设计的三项规则：

第一项规则:题目必须是动宾结构的短语,不能是句子;

第二项规则:题目只确定研究对象,不表达作者观点;

第三项规则:题目应力求明确、简短,忌冗长。

下面结合以上题目设计的要求和规则,举一些不适当的题目设计的实例。

博士论文题目：

论宪法是安邦治国的总章程

此题目违反前述题目设计的第一、二项规则：按照第一项规则，题目应当是一个动宾结构的短语，其中的“宾语”应当是名词或名词性短语，而本题目的“宾语”是一个完整的“句子”；按照第二项规则，题目只确定研究范围，不表达作者观点，而本题目已经表明作者的基本观点。

建议修改如下：

论宪法在安邦治国中的地位和作用

关于宪法在安邦治国中的地位和作用的研究

硕士论文题目：

原因理论、法律行为规则与物权行为无因性理论

这一题目设计的问题是违反第三项规则，冗长而不明确，由三个名词性短语组成，使人看后不明白作者究竟研究什么。是同时研究“原因理论”“法律行为规则”“物权行为无因性理论”三个对象，还是研究三者之间的相互关系？从论文的内容看，虽然涉及“原因理论”和“法律行为规则”，但实际上作者着重研究的只是“物权行为无因性理论”。因此，可以改为：

论物权行为无因性理论

物权行为无因性理论研究

这样的题目,就符合明确、简短的要求。假设论文的主题是要研究三者的相互关系,则在题目设计中应当以名词“关系”作为“宾语”,采用“定语”+“名词”的结构,例如:

论原因理论、法律行为规则与物权行为无因性理论的关系

原因理论、法律行为规则与物权行为无因性理论之关系研究

这样的题目,虽然未能避免冗长,但做到了“明确”,这是最重要的。

举一个硕士论文的实例:

论出卖人瑕疵担保责任、积极侵害债权及产品责任之关系

这仍不失为一个比较好的题目设计。

值得注意的是,有的选题属于同时研究两个对象(当然包括研究两个对象之间的关系),题目中表示研究对象的两个名词(或名词性短语)之间用“与”(相当于英语的“and”)连接。请看下面三篇博士论文题目:

基督教与罗马私法

英美法上的交易自治与交易安全

合同自由与公序良俗

其三，关于副题的运用。

有的学位论文或者专题研究论文设有副题。运用副题，就需要理解为什么要运用副题，副题有什么作用？博士论文运用副题较常见，硕士论文运用副题较少见，但也不是没有。

下面举一些博士论文的实例。

徐国栋的博士论文：

民法基本原则研究

——成文法局限性之克服

董安生的博士论文：

民事法律行为的理论与实践

——关于合同、遗嘱和婚姻行为的一般规则

吴汉东的博士论文：

论合理使用

——关于著作权限制与反限制的研究

陈现杰的博士论文：

企业内容公开与投资者保护法律制度研究

——公开制度的理念与实证

沈敏荣的博士论文：

反垄断法规则的比较研究

——法律的不确定性及其克服

王焜的博士论文：

积极的信赖保护

——权利外观责任研究

赵冀韬的博士论文：

负担行为与处分行为的区分

——以德国法为考察对象

陈永强的博士论文：

英美法上的交易自治与交易安全

——以房地产交易法为视角

朱广新的博士论文：

信赖责任研究

——以契约之缔结为分析对象

汪琴的博士论文：

基督教与罗马私法

——以人法为视角

陆青的博士论文：

合同解除效果的意思自治研究

——以意大利法为背景的考察

申建平的博士论文：

债权让与制度研究

——以让与通知为中心

从以上博士学位论文中，我们可以得出这样的认识：

所谓**“副题”，是作者为了调整研究角度，或者限制研究范围，或者突出研究重点，而在论文题目（正题）之下，附加上的一个题目。**

上述所举博士论文中，徐国栋的论文、吴汉东的论文、王焜的论文、陈永强的论文，其副题是用来调整研究角度的；董安生的论文、陈现杰的论文、赵冀韬的论文、朱广新的论文、汪琴的论文、陆青的论文、申建平的论文，其副题是用来限制研究范围和突出研究重点的。加上副题后，论文的范围与未加副题的情形比较，或者角度有所调整，或者范围有所限制，简而言之，使论文的范围缩小了。

而沈敏荣的论文则不同，加上副题后显然扩大了论文的范围。相对于正题“反垄断法规则的比较研究”，副题“法律的不确定性及其克服”范围更大。这种副题的运用，正常不正常,适当不适当?我们看到,该论文出版时将正题、副题掉了个个儿。

原题:

反垄断法规则的比较研究

——法律的不确定性及其克服

出版时改为:

法律的不确定性

——反垄断法规则分析

这样一改,就符合了我们概括的一个规则:

副题要比正题的范围窄,而不能相反。

有人也许会问:徐国栋论文的副题,难道与沈敏荣论文的副题不是一样的吗?是不一样的。徐国栋的论文,其主题是从克服成文法局限性的角度研究民法基本原则,民法基本原则的作用表现在多个方面,克服成文法的局限性是其中一个方面。换言之,正题"民法基本原则研究",其范围甚宽;副题"成文法局限性之克服",范围较窄。故该题目符合前述规则。

前述规则之例外1:"兼论型"副题。

兼论型副题的目的,不是要扩大研究范围,而是考虑到某一项内容与本文有较密切的关联,顺便予以论述。因此,超出正题范围之外的仅是某一章、某一节，并且这一小部分在整个论文中居于次要的地位。如果删去这部分，并不损害论文的完整性。举例如下：

题目：

违约责任研究

——兼论违约救济措施

其内容，分五章：

第一章　违约责任概述

第二章　违约责任构成理论的基本研究

第三章　违约行为研究

第四章　归责事由研究

第五章　救济措施研究

如果删去副题，同时删去第五章，论文的完整性并不受影响。

前述规则之例外2："说明型"副题。

说明型副题的目的，不是调整研究角度、限制研究范围或者突出研究重点，而是对选题做一个概括性说明。如果删去副题，对论文的研究范围和完整性均无影响。举例如下：

刘成伟的博士论文：

英美法对价原则研究

——解读英美合同法王国中的“理论与规则之王”

李昊的博士论文:

交易安全义务论

——德国侵权行为法结构变迁的一种解读

秦伟的博士论文:

英美法善意原则研究

——解读英美法物权变动中的“优先和最高原则”

前面谈到硕士学位论文运用副题较少见。因为硕士论文的选题本来就应当比较窄;与其设计一个较大的题目,再加上一个副题来予以限制,不如直接设计一个较窄的题目。博士论文是否也有同样的问题呢?“中国民商法专题研究丛书”出版的近百篇博士学位论文中,设有副题的论文不足二十篇。可见,博士论文不设副题,是大多数;设副题,是少数。博士论文运用副题,要考虑是否非用不可。以上述所引吴汉东的论文为例:

原题目设计:

论合理使用

——关于著作权限制与反限制的研究

问题是正题太泛,已远远超出著作权法的范围。因为,不仅著作权有合理使用的问题,其他权利也会发生合理使用的问题。该文主题也不是要研究一般的合理使用问题,而只是研究“著作权”的合理使用,即著作权法上的合理使用问题。与其正题太泛,再运用副题来限制研究范围,不如将题目设计得适当,而不设副题。我们注意到论文在正式出版时,将正题、副题合并,改为:

著作权合理使用制度研究

这样一改也就印证了我们的意见:**运用副题,要有非用不可的理由**。严格说来,设“说明型”副题的理由,似亦有斟酌余地。

最后必须指出:作者为什么要设副题?为什么要通过副题的运用,以调整论文角度或者限制其范围?目的是要发挥作者所长,回避其所短。这在徐国栋的博士论文上表现得特别明显,如果不加副题,该文就属于制度型选题,而这方面并非作者所长,他擅长思辨的长处也就难以充分展现出来。可见此副题的运用,达到了扬作者所长、避作者所短的目的。

相反的实例,就是前面已经提到的一篇研究所有权的

博士论文:

所有权功能论

——财产制度历史演变和比较研究

加上副题后论文的范围是扩大了还是缩小了?是难度减少了还是难度增大了?是将作者的短处回避了还是充分暴露出来了?作者的长处是否充分展现出来了?回答显然是:扩大了研究范围,增大了研究难度,暴露了作者短处,回避了作者长处。可见,正是这一题目设计,将作者自己推向了绝境!

如果将副题变换一下:

所有权功能论

——以拉丁美洲国家所有权制度为中心

其效果将恰好相反。如果干脆将正题、副题合并,改为:

拉丁美洲国家所有权制度研究

则作者的短处尽可能地被回避了,而作者的长处将充分展现出来。可见,副题的运用宜慎重,切不可随意!

二　学位论文的资料

社会科学研究,尤其法学研究,主要是文本研究。文本,在这里表现为各种资料:首先是法律文本,即各种立法文件,包括法律法规条文、立法理由书、各种法律草案及其修改记录;其次是司法文本,包括最高人民法院发布的解释性文件、最高人民法院公报刊登的判例、各级人民法院的判决书;最后当然还有法学文本,包括各种法学专著、教科书、论文集、学术刊物上的法学论文、已经出版或者未出版的学位论文。所谓法学研究,主要就是对这些文本作研究。

可见,**资料是研究的前提条件。没有资料,资料不足,怎么能够得出高水准的研究成果,怎么能够写出高质量的学位论文?**因此,前面讨论如何选题时,要求考虑是否有可能获得充足的资料。在进入论文写作之前的“开题”环节,参与开题审查的教授和研究生导师,不仅要审查选题是否具有学术价值,而且要考察是否可能获得充足的资料。如果不可能获得充足的资料,即使是具有重大学术价值和实践意义的选题,亦不得认为选题适当,应提出改换选题的建议。研究生所完成的学位论文在经专家评审和答辩时,评审专家和答辩委员会成员应对论文资料是否丰富、翔实作出肯定或者否定的判断;如果作出否定的判断,则该学位论文不能获得通过。

(一)第一项要求:有充足、翔实的资料,新的资料

“充足”是指数量。资料的数量丰富,可以减少研究结果的片面性。**“翔实”**是指真实性和直接性。资料虽多,但不真实,错误百出,或者都是间接资料,并且翻译、转述不准确,怎么能够保障研究结果的正确性?还有资料的**“新旧”**问题。旧的资料,尽管真实、直接,但很可能已经过时,与现在的实际情况不符,据以进行研究,得出的结果肯定不正确。因此,要求直接的、第一手的资料,要求新资料。硕士学位论文和博士学位论文,一定要有相当的外文资料。

现在常见问题之一:资料贫乏。

不少学位论文,选题不错,文笔也很好,但没有充足的资料。没有充足的资料,文中的一些观点、学术见解、结论

是怎么得出的？现在学术界有一种倾向,有的人读的书不多,写的书不少。这样的研究成果究竟有多大价值？大本大本的著作,长篇长篇的论文,就像沙滩上的一座座高楼大厦,徒具统计上的意义!

常见问题之二:资料陈旧。

例如,有一本书叫《英吉利法研究》,日本宫本英雄著,骆通翻译,20世纪30年代出版,当时就被批评已经过时,到90年代却还在引用。又如,《国际比较法百科全书》,20世纪60年代的资料,70年代成书,许多内容到80年代就已经过时。以“产品责任”为例,20世纪六七十年代各国都在摸索进行改革的方向,因此《国际比较法百科全书》关于产品责任的资料反映了当时的情况,似乎过失推定责任是改革的方向。但实际上20世纪80年代严格责任(无过错责任)已经席卷全球,我们90年代写文章引用这部分资料,就不能反映产品责任制度的真实情况。再如,20世纪50年代翻译的苏联的法学著作,原著成书于40年代,反映当时斯大林的经济思想和经济体制。到了八九十年代,仍将其作为正面的资料引用来作为我们的理论基础,就有问题。

常见问题之三：硕士、博士学位论文没有外文资料。

没有外文资料，不仅影响论文的质量和水准，而且不符合硕士、博士的标准。硕士要求掌握一门外语，博士要求掌握两门外语。你的学位论文没有引用任何外文资料，表明你不懂外语，不够硕士、博士的条件。有这样的例子，一篇博士学位论文，未使用任何外语资料，答辩委员会通过了，学位委员会不予通过。

（二）第二项要求：注明所引用资料的出处

按照学术研究的规律，每个研究者都是在前人研究成果的基础上进行研究的；在论述自己的见解时常用现行规定、前人和他人的理论来证明自己的见解，这就是“引用”。引用资料必须注明出处，这就是注释。

为什么要求注明出处？首先，是为了增强论文的说服力。告诉读者本文不是凭空产生的，不是玄想的结果，而是科学研究的结果，是有根有据、扎扎实实地进行科学研究的成果，使读者产生信任感。**没有注释，尽管文中的道理讲得**

头头是道、妙笔生花,但读者不信任。

其次,是学风问题。所谓实事求是、严谨的学风,要求在论文中注明所引用的前人、别人的理论观点:哪些观点是别人的,哪些观点是你的;哪些理论是前人的成就,哪些问题上你作出了自己的贡献。**如果没有注释,似乎全是你自己思考的结果,且不论这种结果是否值得信任,这种做法就有剥夺别人的劳动成果、贪别人之功为己有的嫌疑。**

最后,是法律问题,涉及著作权法:如果不注明出处,将构成侵权行为。现在著作中抄袭的现象很严重,将别人的文章大段大段地抄入而不注明出处的现象,在博士学位论文中也严重存在。

《中华读书报》上经常发表揭露抄袭的文章。1996年11月20日第2版,发表杨玉圣的文章《"博士论文"与"文抄公"》,举了两个实例:一是中国社会科学院研究生院的一篇博士论文《论美国国际地位的历史趋向》,抄袭本院美国研究所研究员杨达洲先生的论文;二是山东大学的一篇博士论文《现代化战略与模式选择》,抄袭北京大学历史学系教授罗荣渠所著《现代化新论》。此外,《中华读书报》还披露了复旦大学知名教授张汝伦抄袭事件、北京大学知名教授王铭铭抄袭事件，成为新世纪最大的学术新闻，影响很大。

现今中国学界，抄袭、剽窃已成为一种公害。有研究生抄袭，有导师抄袭，有研究生院院长抄袭，有学术委员会主任委员抄袭，有学术带头人抄袭、学术权威学者抄袭、研究会会长抄袭！这已经不只是学风问题，更是人品道德问题。**抄袭、剽窃他人著作，与盗窃他人财产，同其本质！硕士研究生、博士研究生自踏入学术领域之始就一定要严格要求自己，来不得半点侥幸！**

学位论文的注释方法，分为“脚注”与“尾注”两种。“脚注”，即将每页引文出处注于该页下面，阅读正文时可一并浏览，方便查找；“尾注”，即将引文出处注于文末或者章末，阅读查找不便。建议采用“脚注”，全文注释连续编码，其体例如下：

中文著作：作者：《书名》，出版社及版次，页码。

梁慧星：《民法总论》，法律出版社2001年版，第101～102页。

李双元、徐国建主编：《国际民商新秩序的理论建构》，武汉大学出版社2003年版，第75页。

翻译著作：[国别]作者：《书名》，译者，出版社及版次，页码。

[美]罗伯特·考特、托马斯·尤伦:《法和经济学》,张军等译,上海人民出版社、上海三联书店1994年版,第15页。

[德]卡尔·拉伦茨:《德国民法通论》,王晓晔、邵建东、程建英、徐国建、谢怀栻译,法律出版社2003年版,第5~6页。

论文类:作者:《文章名》,刊载出版物(或网址)及时间(期),页码。

苏号朋、蒋笃恒、张民安:《论信用权》,载《法律科学》1995年第2期,第12页。

尹田:《论动产善意取得的理论基础及相关问题》,载梁慧星主编:《民商法论丛》第29卷,法律出版社2004年版,第206~207页。

梁慧星:《医疗损害赔偿案件的法律适用问题》,载《人民法院报》2005年7月13日,第5版。

罗祥泉:《产品责任若干问题》,载 http://www.tz-lawyer.com/article/a24.htm,最后访问日期:2006年7月24日。

外文论著:作者,书名或文章名,出版社或者出版物,页码。

Dan B. Dobbs, *The Law of Torts* 12 – 13(2000).

W. Page Keeton, *Prosser and Keeton on the Law of Torts* 4(5th ed. 1984).

Henry Hansmann, Erinier Kraakman, The Numerus Clauses Problem and Divisibility of Rights, *Journal of Legal Studies*, June 2002, pp. 45 – 46.

(三)第三项要求:有参考文献目录

学位论文,无论是博士学位论文还是硕士学位论文,都要求在文末附有参考文献目录。因为没有参考文献目录或者参考文献目录不符合要求,被答辩委员会认定不符合学位论文条件而不予通过的实例,并不鲜见。

三　学位论文的结构

答辩委员会成员或委员会外的专家对硕士、博士论文作鉴定、写评语,有一个内容是就论文结构表态。一篇合格的学位论文,要求结构合理。肯定的评语是:本文结构合理、逻辑严谨、层次清晰。什么叫"结构合理"?结构合理就是指论文的"层次清晰""逻辑严密"。这就要求了解论文的一般结构,这里着重讲硕士论文、博士论文的结构。

学位论文的结构:

目录

序言

导论

本论

结论

参考文献目录

后记

上述结构中,导论、本论、结论三部分构成论文的本体;目录、序言、参考文献目录和后记,是附属部分。最重要的当然是本体。**一篇完整的学位论文,其本体由导论、本论、**

结论三部分构成。有没有特殊的？有。所谓特殊，无非是在一般结构基础上省略了其中的某个部分：或者省略结论，或者省略导论，但无论如何不能省略本论。**如果以重要性为标准进行划分，则导论和结论属于组成部分，本论属于本质部分。**例如，一个人，头和躯干是本质部分，四肢是组成部分。没有手臂，甚至手脚都没有，不影响人这个事物的存在，仍然是人；但没有头和躯干，光有四肢就不成其为人。同理，省略了导论、结论，不影响学术论文的本质，但学术论文的完整性大大受到损害，评审专家作鉴定时会写上一句：结构不完整。当然，学术论文不可能没有本论，假设没有本论，就不成其为学术论文。

可见，本论部分特别重要，答辩委员会成员评价学位论文结构合理不合理，注重的是本论部分。

下面对各部分作简要说明。

（一）导论

导论起什么作用？导论的作用在于引起读者的阅读兴

趣。读者拿到的一篇学位论文,二三十万字,是否值得花费宝贵的时间阅读,光看题目还难以判断。读者总是首先读导论,希望通过导论的内容判断本文是否有阅读价值,是否值得花费时间阅读。

导论的内容,通常是交代课题:本文究竟要研究一个什么课题、这个课题的产生背景、研究这个课题的原因、它的理论意义和现实意义。如果是博士论文,通常还要交代所采用的研究方法,交代论文的大体结构。

实例1　戴孟勇的博士论文:

合同自由与公序良俗

第一章　导论

(一)选题背景及意义

(二)研究状况和文献综述

(三)研究方法和主要内容

实例2　甘瑛的博士论文:

国际货物贸易中的补贴与反补贴法律问题研究

导论

(一)本文研究的目的和意义

(二)本文研究范围

（三）素材选取与研究方法

（四）体例安排

实例3　李昊的博士论文：

交易安全义务制度研究

第1章　引言

1.1　问题的提出

1.2　选题背景及其意义

1.3　文献综述

1.4　本文的结构安排

1.5　本文的研究方法

1.5.1　比较法的研究方法

1.5.2　法律解释和法律漏洞补充的研究方法

1.5.3　具体化和类型化的研究方法

1.5.4　动态系统论

实例4　刘成伟的博士论文：

英美法对价原则研究

导论

第一节　发掘合同与合同法的特质与使命

第二节　人类需要什么样的合同秩序？合同约束力根

源之考量——对价是英美法合同约束力的核心根源

第三节　本文的前提预设、研究内容和研究方法

第四节　本文的研究难点、国内外研究现状与本文的意义

实例5　叶金强的博士论文：

信赖原理的私法构造

第1章　引言

1.1　选题背景及其意义

1.2　文献综述

1.3　问题意识

1.4　术语界定

1.5　研究进路与方法

实例6　王晓明的博士论文：

新西兰意外事故补偿法研究

导论

第一节　问题意识与研究意义

第二节　国内外研究现状、研究方法与主要内容

(二)结论

1. 学术论文应当有结论,这是学术研究的规律性决定的。学术研究是一个过程,有其始端和终端。导论是始端,结论是终端。结论表明一项科学研究的结束。同时,一项研究当有其研究结果。**最终得到一个什么研究结果,应当在结论部分作出概括;如果还有遗留问题没有解决,也应在结论部分指出。**

2. 从学位论文答辩的角度讲,论文要经专家鉴定,写出评语。答辩委员会成员也要审读论文,写出评语。考虑到一篇博士学位论文通常有二十多万字,甚至三十多万字,专家教授通常不可能一口气读完,总是读几页,放下了,又读几页,有什么事情又放下了。经过好多次才断续读完,读到末尾,前面的内容已经模糊、记不清了。不可否认,有的评定人因时间关系不可能读完全文,阅读了导论部分,翻阅、选读几个章节,然后就写评语。如果有一个结论,概括本文的研究结果、作者的基本学术见解、本研究结果的理论意义和实践价值,对于评定人作出总的评价有莫大的帮助。这对于论文最后能否通过答辩,有极重大的意义,切不可掉以轻心!

有的博士论文的结论部分文字较长,往往设为论文最末一章,并在章下再分若干节或若干部分。有的博士论文的结论部分文字较短,只是几个自然段,因此不设为一章;即使设为一章,下面也不分节。下面是结论设为一章的实例。

实例1 邢建东的博士论文:

衡平法的推定信托研究

第六章 结论

第一节 我国立法及司法层面类似推定信托的规定及司法实践

第二节 结论——在不当得利的基础上适用推定信托

实例2 李昊的博士论文:

交易安全义务制度研究

第8章 结论

8.1 论文的主要观点

8.2 论文的主要创新点

8.3 论文的局限与不足

实例3 刘成伟的博士论文：

英美法对价原则研究

第六章 对价原则与中国法：一个比较法视角下的结论

一、中国法中的对价词汇与观念：中国到底存不存在对价问题？

二、对价原则对中国法的理念价值

三、对价原则对中国法的制度价值

四、简短的结论

3. 有的学位论文以立法建议代替结论，这大抵属于制度型选题，研究某一项法律制度，研究最后得到的基本学术见解或结论，表现为建议我国立法机关制定某一法律或对现行法作修改，并形成了立法或修改的基本设想甚至条文草案。

实例1 王闯的博士论文：

让与担保法律制度研究

第十章 结论：中国大陆让与担保法律制度的创设

第一节 我国大陆让与担保制度创设的理论和现实

第二节 司法建议：目前房地产按揭实务中若干

问题之检讨

第三节　立法建议:让与担保制度的立法化及条文要纲

实例2　陈华彬的博士论文:

现代建筑物区分所有权制度研究

第十二章　关于建立我国建筑物区分所有权法律制度的研究

第一节　对我国解决城市居民住宅问题的基本政策和制度的思考

第二节　建立我国建筑物区分所有权法律制度的必要性分析

第三节　我国建筑物区分所有权制度:现状及检讨

第四节　关于制定我国建筑物区分所有权法的设想和建议

第五节　我国建筑物区分所有权法之基本结构

实例3　王丽萍的博士论文:

亲子法研究

第八章　完善我国亲子法的思考

第一节　我国婚姻法的有关规定及其缺陷

第二节　关于亲子法具体条文的设想

（建议条文）

本章小结

实例4　孙美兰的博士论文：

情事变动与契约理论

第八章　我国情事变动契约理论之完善及未来立法选择

第一节　我国情事变动契约理论之完善

第二节　未来立法选择

实例5　张燕玲的博士论文：

人工生殖法律问题研究

第八章　代结论：我国人工生殖立法现状与检讨

第一节　我国人工生殖的立法现状

第二节　现行立法之检讨

第三节　审议的背后：法律与伦理的对话

实例6　朱涛的博士论文：

自然人行为能力制度研究

第六章　我国行为能力制度之设计

第一节　行为能力制度之设计理念

第二节　行为能力制度之立法建议稿

实例7　洪海林的博士论文：

个人信息的民法保护研究

第五章　我国个人信息保护立法研究——代结论

第一节　我国个人信息保护的现状

第二节　相关法律草案(或建议稿)的述评

第三节　关于我国个人信息保护立法的若干建议

4. 也有以结语(结束语)代替结论的。以结语(结束语)代替结论,通常是结语部分较短,不足以设为一章。

实例1　冯珏的博士论文：

英美侵权法中的因果关系

结语

一、本文的基本观点

二、本文的局限与不足

实例2　申建平的博士论文：

债权让与制度研究

结语

一、让与通知是整个债权让与制度的核心

二、明确"通知在先、权利在先"的优先权原则

三、确立平衡债权让与三方当事人利益的具体制度

四、承认未来债权让与

实例3 罗瑶的博士论文：

法国民法外观理论研究

结语

一、法国外观所有权理论的启示

二、法国表见代理理论的启示

三、法国外观身份理论的启示

实例4 王焜的博士论文：

积极的信赖保护

结语

一、本书的基本观点

二、本书的主要创新

三、有待进一步探讨的问题

以立法建议代替结论，以结语（结束语）代替结论，不等于没有结论。省略结论，影响论文结构的完整性，完整

性是合理性的一个方面,因此没有结论将影响论文结构的合理性。

(三)本论

本论是一篇学位论文的本质部分,没有本论就不成其为一篇论文,就像没有头和躯干不能成其为人一样。本论的内容是研究过程的反映,应当写什么,自然不用我在这里说。这里只是介绍本论部分的结构安排。评价一篇论文的结构是否合理,主要是看本论部分的结构是否合理。

本论部分的结构大体上有五种:

总分结构

三分结构

四分结构

编章结构

章节结构

总分结构(二分结构)分为两个部分,即总论与分论。实际上,两者是哲学上的“一般”与“特殊”、“共性”与“个性”的关系。研究有关本课题的一般理论、共同理论的,叫作总论;分别研究本课题内部各特殊部分或特殊问题的,叫作分论。先是“二分结构”:总论、分论;然后总论再分为若干部分(章),分论同样分为若干部分(章)。如果将总论、分论作为两编,每编下分若干章,这就是“二分结构 + 编章结构”。有的博士论文,在总论、分论之前再设绪论,将研究本课题的前提性问题作为另一个部分,称为绪论编,包括若干章。这样就变成“三分结构 + 编章结构”。可以说几乎所有的选题,都有总论与分论的划分,都可采用“二分结构 + 编章结构”。但是,如果属于一般理论、共同理论的内容太少,不足以再分为若干章,就会出现这样的情况:总论编只有一章,分论编包括若干章,显得不协调、不成比例。因此可不设编,直接采用“章节结构”,第一章实际是总论,从第二章起实际是分论。下面举一些实例。

采“四分结构”的实例——蒋新苗的博士论文:

国际收养法律制度研究

第一编　导论(包括第一、二章)

第二编　国际收养中的国际私法问题(包括第三、四章)

第三编　国际收养法的统一化进程(包括第五、六章)

第四编　中国与国际收养法统一化进程(包括第七、八、九章)

需说明的是,第一编导论,内容实际是绪论。绪论是本论的一部分,导论不是本论的一部分。

采"三分结构"的实例1——傅静坤的博士后论文:

契约冲突法论

第一部分　契约冲突法的基本原则和规范(包括第一、二章)

第二部分　统一国际契约实体法与统一国际契约冲突法(包括第三、四章)

第三部分　区际契约冲突法(包括第五章)

(本文省略了结论)

采"三分结构"的实例2——沈涓的博士论文:

中国区际冲突法研究

第一编　中国区际冲突法的历史与现状(包括第一至三章)

第二编　中国区际冲突法的方法与规则(包括第四至五章)

第三编　中国区际法律关系冲突的调整(包括第六至十一章)

(本文省略了结论)

1. 总分结构

这种结构最为常见,通常先划分为总论与分论两大部分,然后各部分再分若干章;或设总论编、分论编,然后各编再分若干章;或不设编,总论作为第一章,分论分为若干章。实际是"总分结构 + 编章结构"。多数博士论文、硕士论文采用这样的结构。

实例　肖厚国的博士论文:

物权变动研究

(导论)

第一章　物权变动的基本理论

第二章　物权变动的立法主义(一)

第三章　物权变动的立法主义(二)

第四章　不动产物权变动的公示(一)

第五章　不动产物权变动的公示(二)

第六章　动产物权变动

第七章　善意取得

第八章　取得时效

(结束语)

此例中本论实际上分为“总论”与“分论”两大部分,“总论”再分为“物权变动的基本理论”(第一章)与“物权变动的立法主义”(第二、三章)两部分;“分论”分为“积极的物权变动”与“消极的物权变动”两部分,其中“积极的物权变动”再分为“不动产物权变动”(第四、五章)与“动产物权变动”(第六章)两部分,“消极的物权变动”再分为“善意取得”(第七章)与“取得时效”(第八章)两部分。这属于典型的“总分结构+章节结构”。

不合理的结构:

如果本论分为两大块,下面不再划分章节,或者本论仅有两章,属于单纯的二分结构,则应当认为结构不合理。为什么这样的结构不合理?一方面是不合习惯,另一方面是美学上的考虑。一篇论文,前面一个序言,后面一个结语,本论部分就两章,第一章、第二章。如果序言、结语都省略了,一篇论文就两块——第一部分、第二部分,或者第一章、第二章,这不好看。要进一步追问为什么也难以回答,可能是太呆板。下面举实例。

实例1　硕士论文：

作者精神权利性质探讨

第一部分　概述

第二部分　作者精神权利性质探讨

论文前面没有导言，后面没有结论，本论就两部分，很不合理。

实例2　一篇硕士论文的结构：

序言

第一章

第二章

结语

前有一个序言，后有一个简短的结语，中间本论部分就两章，并且没有小标题，属于结构不合理。

2. 关于切题

关于本论的结构，无论采取哪一种结构模式，其共同的要求是紧扣主题，亦即我们平常所谓"切题"。这主要通过每部分的标题来体现。

实例1：

肖厚国的博士论文题目：

物权变动研究

其本论分为八章：

第一章　物权变动的基本理论

第二章　物权变动的立法主义(一)

第三章　物权变动的立法主义(二)

第四章　不动产物权变动的公示(一)

第五章　不动产物权变动的公示(二)

第六章　动产物权变动

第七章　善意取得

第八章　取得时效

我们看到,第一章至第六章的标题都有“物权变动”一语;第七、八两章的标题虽然没有“物权变动”四个字,但“善意取得”和“取得时效”是物权变动的具体形式。可见,所谓“切题”,所谓紧扣题目,往往通过在本论各部分标题中“反复出现”论文题目中的“关键词语”来体现;反之,如果本论各标题与论文题目无关,找不到论文题目的关键词语,我们就会觉得不切题,没有紧扣题目。下面再举例。

实例2：

博士论文题目：

论私法对国际法的影响

其本论包括四章：

第一章　万民法与国际法

第二章　人或主体

第三章　领土主权与所有权

第四章　条约与契约

在各部分标题中，没有出现论文题目中的关键词语“私法”和“国际法”。从各部分的标题中，读者很难理解该部分内容与题目间是否有密切的关联。这就是没有紧扣题目，或者说不切题。如果稍作修改，就会大不相同：

第一章　私法与国际法

第二章　私法主体与国际法主体

第三章　私法所有权与国际法领土主权

第四章　私法契约与国际法条约

实例3：

郑远民的博士论文题目：

现代商人法研究

其本论分为三章:

第二章　现代商人法产生和发展的历史过程

第三章　现代商人法的适用及其法律效力

第四章　现代商人法与冲突法及国际仲裁法的完善和发展

题目中的关键词语是“现代商人法”,我们看到本论部分每一个标题都重复“现代商人法”一语,使读者觉得各部分内容与题目的关系非常紧密,扣得很紧——这就叫“切题”。

实例4:

刘成伟的博士论文题目:

英美法对价原则研究

——解读英美合同法王国中的“理论与规则之王”

其本论分为五章:

第一章　对价原则之历史渊源:源于普通合同法的诉讼形式

第二章　对价原则理论模型之进化——从无到有,从实质损益理论到交易过程理论

第三章　对价原则之具体构成:规则本体论

第四章　对价原则之功能定位

第五章　对价原则的改革存废之争:旁观对价原则的未来

论文题目的关键词是“对价原则”,我们看到本论部分每一章标题均重复这一关键词,因此我们觉得本论紧扣主题,很切题。

从上述本论部分的结构安排,我们可以看到,博士论文采用“总分结构 + 编章结构”或者采用章节结构的最常见,这类结构安排系以“章”为单位,“章”下再分设若干“节”。硕士论文也以章节结构最常见,也有的以“部分”为单位,“部分”下面以一、二、三、四为序。可以作出这样一个判断:

无论以“章”还是“部分”为单位,本论部分所划分的单位应在三个以上,如不少于三章或三个部分;否则,就叫结构不合理。各章或部分的小标题,原则上均应重复论文题目中的关键词;否则,就叫不切题。

3. 逻辑关系

以上仅是对结构安排的形式要求。在此基础上，还有对逻辑性的要求，指本论部分的结构安排要具有一定的逻辑关系。大体有下面三种逻辑关系：

第一种　总分关系

第二种　并列关系

第三种　递进关系

第一种：总分关系。

关于本课题的一般性问题、一般理论、基本理论、基本原则的内容，属于总论；特殊问题、特殊理论、具体制度、具体问题、构成条件、实际运用等内容，属于分论。总论与分论之间，是一般与个别、普遍与特殊的关系。通常总论部分应当在前，分论部分应当在后。**无论采用总分结构还是编章结构、章节结构，都要求总论与分论有清晰的界限，不能混淆、交错。总论内容写完再写分论，总论部分不能插入分论的内容，分论部分不能插入总论的内容；不能颠倒顺序，不能先分论后总论，应当先总论后分论。**

其规则是：先总后分。

第二种:并列关系。

如果采用总分结构,总论部分与分论部分已具有并列的意义。总论下面的各章、分论下面的各章,也可以是并列的关系,即各章的内容应当处在同一层次。采用编章结构,各编的内容可以是并列的关系,如绪论编、总论编、分论编;编下面的各章也可以是并列关系。

其规则是:位阶同一。

实例1　肖厚国的博士论文:

物权变动研究

第一章　物权变动的基本理论

第二章　物权变动的立法主义(一)

第三章　物权变动的立法主义(二)

第四章　不动产物权变动的公示(一)

第五章　不动产物权变动的公示(二)

第六章　动产物权变动

第七章　善意取得

第八章　取得时效

其结构属于典型的并列关系,而且是多层次的并列关系。第一个层次是总论(第一至三章)与分论(第四至八章)

的并列;第二个层次是总论下面物权变动的基本理论(第一章)与物权变动的立法主义(第二、三章)的并列,以及分论下面积极的物权变动(第四至六章)与消极的物权变动(第七、八章)的并列;第三个层次是不动产物权变动(第四、五章)、动产物权变动(第六章)、善意取得(第七章)、取得时效(第八章)的并列。

实例2 杨松的博士论文:

题目:

国际货币基金协定研究

其本论分为五章:

第四章 国际收支平衡的法律制度研究

第五章 国际储备的法律制度研究

第六章 汇兑安排国际法律制度研究

第七章 外汇管制法律问题研究

第八章 基金协定的监督与磋商机制研究

其结构也属于典型的并列关系。

第三种:递进关系。

采编章结构,一编之下的各章可以是递进关系;采章节

结构，各章之间可以是递进关系，章下面的节也可以是递进关系。就一篇博士论文而言，可能各编之间是并列关系，各编下面的章是递进关系；或者总论编下面的各章是并列关系，分论编下面各章是递进关系；或者采总分结构不设编，总论仅一章，从第二章开始是分论，分论各章是递进关系。至于章下面的各节之间的关系，当然既可以是并列关系，也可以是递进关系。

这里有一个要求，某编下面的各章，或者某章下面的各节，如果采递进关系，就一定是递进关系，不能混淆。不能出现这样的情况，一编有五章，其中第一、二、三、五章显然是递进关系，中间第四章与各章不构成递进关系；或者一章下面若干节，其中几节似乎是递进关系，中间又有几节似乎是并列关系。

递进关系有三种不同形态：

时间上的递进关系

空间上的递进关系

纯粹逻辑上的递进关系

①时间上的递进关系

时间上的递进关系，是指在时间上由远到近，先从该制度的历史说起,从古罗马法说起,中世纪有什么变化,近代有何发展,直到现在的状况。这实际是采历史研究方法。法制史研究论文,大体体现这样的递进关系。在部门法,如民法硕士、博士论文中,也常常采用历史研究方法,因此在论文的某个部分会反映时间上的递进关系,通常在绪论或总论部分,或者某一章下面的节,不大可能一篇民法论文各章之间都反映时间上的递进关系。

这种递进关系,要求严格按照时间的先后顺序;如果出现时间先后顺序的错乱、颠倒,就叫层次不清、逻辑混乱。

其规则是:时间愈早愈在前,时间愈近愈在后。

②空间上的递进关系

此所谓"空间"实际上包括两种情形:一是地域上的空间;二是抽象的空间。无论是地域上的空间,还是抽象的空间,都要求"由外到内",先讨论外部的问题,后讨论内部的问题。先研究外国的制度、发展、经验教训,再讨论本国的制度、发展、构成、适用、存在问题及对策等;或者先讨论该制度的外部关系,产生原因、背景、哲学思想、政策取向、功能等,然后进入该制度内部,讨论其构成要件、法律效果、解释适用等。

空间上的递进关系，要求区分内外、先外后内。如果外部问题未讨论完就进入内部问题的讨论，中途再反过来讨论外部问题，或者一开始讨论本国制度，中间突然插入对外国制度的探讨，然后再回到本国制度的研究，就叫层次不清、逻辑混乱。

其规则是：先外后内。

③纯粹逻辑上的递进关系

所谓纯粹逻辑上的递进关系，是指在逻辑上由抽象到具体，先从概念、定义说起，解释其含义，探讨其内涵、外延，确定其适用范围，分析适用条件、法律效果。通常采用法律解释学的研究方法，就反映这种递进关系。要求符合从抽象到具体的逻辑顺序，越抽象的问题越在前，越具体的问题越在后，否则就叫层次不清、逻辑混乱。

其规则是：越抽象越在前，越具体越在后。

实例　硕士论文：

最高额抵押权研究

第一部分　最高额抵押权的意义

第二部分　最高额抵押权的历史演进

第三部分　最高额抵押权的设定

第四部分　最高额抵押权的效力

第五部分　最高额抵押权的确定

第六部分　最高额抵押权的消灭

其第一、二部分属于总论,第三至六部分属于分论。其分论的结构显然符合纯粹逻辑上的递进关系。

须注意的是,在一篇论文中,尤其是长篇专题研究论文、硕士论文、博士论文中,不是只反映一种递进关系形态,可能某一编、某一章内部是时间上的递进关系,另外的编、章内部是纯粹逻辑上的递进关系。

关于本论部分的逻辑关系,还有一个要求是要有重点,避免等分式、无重点、面面俱到和过分枝蔓。我读研究生的时候,研究生院院长温济泽教授作报告,讲到学术论文写作时多次引用前人的诗句:"删繁就简三秋树,领异标新二月花。"前一句就是指,文章的结构要避免过分枝蔓,要突出重点。

下面举不合逻辑的实例。

实例1　硕士论文:

著作权若干问题研究

一、著作权的成因、发展和不同制度比较

二、我国著作权制度的历史、现状和立法构想

三、著作权若干问题的具体探究

问题在于逻辑关系混乱：第一部分的成因、发展、不同制度比较与第二部分的历史、现状是重复的；立法构想应该在整个研究完成之后提出，却安排在第二部分，全部研究未完成，尤其对著作权的若干基本问题还未研究清楚，就提出立法构想，也不合逻辑。

实例2　硕士论文：

论新闻侵权

第一章　新闻侵权概述

第二章　新闻侵害名誉权的民事责任

第三章　新闻侵害隐私权的民事责任

第四章　新闻侵害肖像权的民事责任

第五章　新闻侵权民事责任主体

第六章　新闻侵权损害的救济方式

问题在于总分颠倒，第二、三、四章属于分论，却安排在前面，第五章新闻侵权的责任主体和第六章救济方式应当属于总论，却安排在后面。

实例3　硕士论文:

论企业集团的法律地位

一、企业集团产生的客观必然性

二、企业集团的概念

三、企业集团的类型及其规范化

四、企业集团的法律地位是由其内外关系决定的

五、问题与对策

问题是各部分逻辑关系混乱。连什么是企业集团都未介绍,一开头就讲客观必然性,不符合思维习惯和逻辑。思维习惯和逻辑是,先讲"是什么",再讲"为什么"。概念属于"是什么",本应当在前面,却安排在第二部分;客观必然性属于"为什么",本应当在后面,却安排在第一部分。第四部分是一个完整的句子,与标题不合,标题不能是句子,再说也与其他部分不协调。

实例4　硕士论文:

论时效制度

一、对时效制度的历史考察

二、关于消灭时效效力的探讨

三、我国民法是否需要设立取得时效制度

四、对完善我国民法时效制度的设想

五、时效完成后义务人的履行

六、除斥期间

同样是逻辑混乱，第三、四部分交叉、重复，层次不清，第六部分除斥期间属于课题之外的问题。

实例5 硕士论文：

论民法的缔约过失责任

一、缔约过失责任的由来

二、缔约过失责任的几个基本理论问题

三、英美法系的缔约过失责任——非合同义务

四、缔约过失责任的新发展与合同预备性文件的效力

五、我国缔约过失责任的理论与实践

存在的问题是逻辑混乱：“缔约过失责任”是否包括英美法系的缔约过失责任？如果回答是肯定的，则何以单独论及英美法系的缔约过失责任，而未专门论及大陆法系的缔约过失责任？如果回答是否定的，即缔约过失责任仅指大陆法系的制度，则何以在研究过程的中间突然提出英美法系的缔约过失责任问题？

实例6　硕士论文:

保证责任研究

一、保证责任的成立

二、保证责任的性质

三、保证责任的范围

四、保证责任的方式

五、保证责任的期间

六、保证责任的消灭

相对而言,成立、范围、方式、期间、消灭都是具体的,唯性质是抽象的。而将性质安排在成立之后、范围等之前,违背了"越抽象越在前"的规则,造成逻辑混乱。如果在前面设一个部分:保证责任概述,在其中论及责任性质,就合乎逻辑了。

实例7　硕士论文:

融资性租赁合同研究

一、融资性租赁合同的概念及特征

二、融资性租赁合同的订立及条款

三、融资性租赁合同的担保

四、融资性租赁合同责任

按照思维的逻辑习惯,一提到合同的订立,马上会想到合同的生效、合同的履行,这也正是事物本身的逻辑。但本文在论及订立之后,却未论及合同的生效、合同的履行等问题,而仅研究合同的担保,其逻辑难谓合理、严密。

实例8　硕士论文:

论农地承包经营权

第一部分　农地承包经营权的基本特点和主要缺点

第二部分　农地承包经营权的革新(一)

第三部分　农地承包经营权的革新(二)

第四部分　他国(地区)农地使用制度与农业发展的经验介绍

第五部分　农地承包经营权规范化建构的制约因素及其发展态势分析

第六部分　农地承包经营权目标模式的建构

问题是,先讲中国,后讲外国,最后又来讲中国,违反先外国后本国的空间上的递进关系,逻辑关系是混乱的。

实例9　硕士论文:

加害给付研究

第一章　德国法中的积极侵害债权

第二章　中国法的加害给付

第三章　加害给付的构成要件及法律效果

第四章　民事责任竞合概述及责任比较

第五章　外国民事责任竞合处理

第六章　中国法的责任竞合

问题是题目确定的研究范围不能涵盖第四、五、六章的“民事责任竞合”,各章之间逻辑关系不清。

实例10　硕士论文:

我国合同解除制度立法研究

第一章　关于合同解除的历史考察

第二章　我国现行合同法关于合同解除的规定及其问题

第三章　合同解除的概念和意义

第四章　解除权的性质、种类与发生原因

第五章　行使法定解除权的原因

第六章　行使解除权的方法

第七章　合同解除的效力

第八章　合同解除权的消灭

问题主要是第二章“我国现行合同法关于合同解除的规定及其问题”,其本应当安排在本文最后予以分析并提出对策建议,却安排在第二章,不符合逻辑思维顺序和习惯,破坏了其他各章从远到近、从抽象到具体的递进关系。

4. 对各部分标题的要求

第一项要求:标题应当是名词或名词性短语,不能是一个句子。

第二项要求:标题只确定本部分的研究对象,不表达作者观点。

第三项要求:标题应明确、简短而忌冗长。

第四项要求:标题应当出现题目中的关键词。

第五项要求:同一层次的各标题应相互协调。

实例1　贺万忠的博士论文:

国际货物多式运输法律问题研究

第二章　国际货物多式运输法制的构建

第三章　国际货物多式运输单据

第四章　国际货物多式运输经营人责任规则标准

第五章　国际货物多式运输经营人赔偿责任范围与限制

第六章　国际货物多式运输的法律冲突和裁判管辖

第七章　国际货物多式运输法制综合评价

我们看到,各章的标题都是名词性短语,而不是句子,符合第一项要求;各标题只是确定本章研究对象或范围,而不表达作者观点,符合第二项要求;各标题符合明确、简短而不冗长的第三项要求;论文题目中的关键词,亦即“国际货物多式运输”,在各章标题中重复出现,这也就是所谓“切题”,符合第四项要求;各标题结构、长短比较协调,符合第五项要求。

实例2　邹海林的博士论文:

责任保险论

第一章　责任保险概述

第二章　责任保险的分类

第三章　责任保险合同

第四章　责任保险人的给付责任

第五章　责任保险的第三人

第六章　(责任保险的)抗辩与和解的控制

第七章　责任保险人的抗辩义务

第八章　责任保险与再保险

该例同样符合上述五项要求。须补充的是,在章节标题设计上,可能出现在一个标题中有两个名词性短语,亦即一个章、节可以有两个或三个研究对象。在节以下层次的标题中，第三项要求，可以不像章、节(特别是章)那样严格。再就是，有的论文章标题似未重复论文题目中的关键词，而直接采用论文题目关键词的下位概念，以作为各章标题的宾语短语。

实例3　杨松的博士论文：

国际货币基金协定研究

第四章　国际收支平衡的法律制度研究

第五章　国际储备的法律制度研究

第六章　汇兑安排国际法律制度研究

第七章　外汇管制法律问题研究

第八章　基金协定的监督与磋商机制研究

实际上可以认为，各章标题中省略了论文题目中的关键词“国际货币基金协定”：

第四章　(国际货币基金协定中的)国际收支平衡的法律制度研究

第五章　(国际货币基金协定中的)国际储备的法律制度研究

第六章　(国际货币基金协定中的)汇兑安排国际法律

制度研究

第七章　(国际货币基金协定中的)外汇管制法律问题研究

第八章　(国际货币)基金协定的监督与磋商机制研究

不适当的实例1(博士论文):

论私法对国际法的影响

第一章　万民法与国际法

第二章　人或主体

第三章　领土主权与所有权

第四章　条约与契约

问题是不符合关于标题的第四项要求:各章标题中没有出现论文题目中的关键词,因此给人的印象是不切题。

不适当的实例2(硕士论文):

论物权立法

第三部分　我国现实历史条件下物权立法之必要性研讨

第一节　建立我国完整统一的物权制度是马克思所有权理论的必然要求

第二节　建立完整统一的物权制度是我国现实经济

基础的客观要求

第三节　建立完整而统一的物权制度是我国现实司法实务更有利于保护公民法人的合法权益的客观要求

存在的问题是,标题不是一个名词性短语,而是一个完整的句子,违背第一项要求;不是确定各节研究对象、研究范围,而是直接表达作者观点,违背第二项要求;各标题十分冗长,第三节标题长达 41 个字,显然违背第三项要求;第一节标题中"建立我国完整统一的",第二节标题中"建立完整统一的",第三节标题中"建立完整而统一的",甚不协调,违背第五项要求。

如果作下述调整,效果将会改观:

第一节　从马克思所有权理论看我国物权立法

第二节　从现实经济基础看我国物权立法

第三节　从公民法人合法权益保护看我国物权立法

小结:

1. 硕士论文、博士论文的结构,除导论、本论、结论三部分外,前面必须有目录,还可以有序言。后面必须有参考文献目录,可以再写个后记。后记的内容没有一定之规,通常是致谢及发感慨。

2. 论文结构确定之后,即可动手研究和写作。**特别要说明的是,通常不是顺着章节顺序从第一章开始写,而是挑选最容易写的某一章或者某一章的某一节先写。**例如,历史沿革部分、国外立法部分要容易些。即使写作某一章,也是先写其中容易写的几节,相对难写的节,可以留待以后写。

3. 写作中还应对论文结构进行调整,如合并某些章、某些节,或者把某一章分为两章。

四　研究方法

(一)研究方法的意义

评审专家和答辩委员会成员在对一篇学位论文进行评审时,往往要判断作者采用了哪些研究方法,以及这些研究方法的运用是否得当。如果认为研究方法的运用不当,该论文就很难获得通过。正因为这样,作者往往在论文“导论”部分,明确说明本文主要采用哪些研究方法。

法学研究的方法有多种,最常用的是:法解释学的方法;比较研究的方法;历史研究的方法;法经济学的方法;法社会学的方法。

(二)法解释学的方法

法学之所以称为科学,不仅在于其特有的法学思维模式,还在于其特有的方法,即法解释学方法。法解释学的方法,包括狭义的法律解释方法和广义的法律解释方法。**狭**

义的法律解释方法，指用来明确法律文本(条文)的内容意义、构成要件、适用范围和法律效果的各种解释方法，如文义解释方法、目的解释方法等；**广义的法律解释方法**，除前述狭义的法律解释方法外，还包括用来补充法律漏洞的各种方法，如目的性扩张、目的性限缩等方法，以及针对具体案件事实对不确定法律概念予以确定的方法。**特别要注意的是，法解释学的方法既是法官裁判案件时采用的方法，也是法学研究的方法**。学位论文如果属于制度型选题，法解释学的方法将是必须采用的最基本的研究方法。

(三)比较研究的方法

所谓比较研究的方法，亦可称为比较法的方法，是指对不同法系、不同国家的法律或者法律制度进行比较，发现其异同及各自的优点和缺点的方法。须注意的是，比较研究有所谓制度比较和功能比较之分。所谓**制度比较**，即选择不同法系、不同国家相同的法律制度进行比较研究；所谓**功能比较**，不问法律制度的名称、内容是否相同，而着重于所解决的社会问题是否相同、所担负的功能是否相同。学位论文如果属于制度型选题，均有采用比较研究方法的余地，甚至可以将比较研究方法作为最主要的研究方法。

（四）历史研究的方法

历史研究的方法，即采用考订、训诂等方法研究历史上的法律和法律制度，也是法学研究常用的方法。法史学专业的学位论文，主要采用历史研究方法。其他专业的学位论文，如果属于制度型选题，历史研究方法是一种辅助性的方法，即可以采用历史研究方法研究该制度的产生、发展、演变。因此，在法史学专业的学位论文中，历史研究方法是基本的研究方法，贯穿学位论文整体，而其他专业的学位论文只是在某个部分、某个章节采用历史研究方法。

（五）法经济学的方法

法经济学的方法，亦称法经济分析的方法，是用经济学的分析工具如效率、价值等分析法律制度。如果学位论文选题属于经济法、民法财产法方面的选题，法经济学的方法就有较大的适用余地；反之，如果论文选题与市场和经济生活无关，采用法经济学的研究方法的余地就很小。例如，研究反垄断法、合同法、物权法的学位论文常见采用法经济学的方法，而研究继承法、亲属法的学位论文就很少见采用这种研究方法。

（六）法社会学的方法

法社会学的方法，是指运用社会学研究的方法，如社会调查、分析、统计、预测的方法，以研究法律和法律制度。其因法社会学派的兴起而成为法学研究方法之一种。前面谈到，法学研究属于文本研究，其研究对象是各种法律文本即资料，在书斋中即可完成研究。而社会学研究，其研究对象是社会本身，须进行田野调查、抽样调查，不是只在书斋里就能完成的。《民商法论丛》第 19 卷刊登的罗萍的《湖北城乡丈夫对妻子家庭暴力的调查与分析》一文，就是采用法社会学研究方法的论文。采用法社会学的研究方法要比采用其他研究方法难得多。人性多避难就易,如水之避高就低——这或许是法学学位论文较少采用法社会学研究方法的一个原因。**学位论文在涉及某项法律制度的制定、修改(属于立法论)时,不应局限于法律文本的研究,而应研究社会本身。因此,采用法社会学的研究方法具有重大意义。**需说明的是,就法学博士学位论文、硕士学位论文而言,法社会学研究方法只是一种辅助性的研究方法。迄今尚未看见通篇仅采用法社会学研究方法的博士学位论文和硕士学位论文。这与学位论文对学术性和理论性的要求有关。

五　学术见解

(一)学术见解的意义

学术论文要素之一的学术见解,指作者自己的思想、主张、观点。答辩委员会或评定人评价一篇学位论文,一个重要内容是作者是否有创造性的学术见解。

《汉语写作学》指出:学术论文的独创性,并不是要求论文中提出的见解是空前绝后、绝无仅有的,而是指在论文所研究的范围内,要有真知灼见、独立看法,绝不人云亦云,单纯重复前人的发现(第418页)。

如果被评价为缺乏创造性的学术见解,该论文是否能够通过就成了问题。由此可见学术见解的重要性。**没有作者自己的学术见解的论文实际上等同于资料。**

(二)学术见解的分类

学术见解分为一般学术见解与基本学术见解。

所谓一般学术见解，是指对论文中所涉及的各种不同观点、不同主张、不同学说，作者所作取舍和表态，作者自己所赞同、所采取、所提出的观点、主张、学说。其中，作者自己提出的观点、主张、学说，就是创造性学术见解或独创性学术见解，体现作者的科学研究能力和学术水准。

所谓基本学术见解，是指一篇学术论文所表达的作者的基本思想，平常称为主题思想。一篇硕士论文或者博士论文，究竟表达一个什么思想？例如，一篇研究人民陪审员制度的论文，探讨了人民陪审员的概念，人民陪审员制度的产生、发展，与大陆法国家、英美法国家陪审制的异同，当前存在的问题，最终作者要有一个总的表态：是断定人民陪审员制度符合现实的需要，应当予以保持并进一步完善，还是认为人民陪审员制度已经不适应现实的需要，主张予以废弃。这就是基本见解。

(三)如何表述一般学术见解？

大致有四种方法：

第一种:采通说。

通说、多数说,指多数学者所赞同的观点、主张,自有其相当的真理性和说服力。作者表示赞同通说,在方法上应当先列举不同的学说,指出其中某一种学说是通说,作者赞同之即可,无须陈述什么理由。

第二种:从新说。

事物有新旧之别,新事物较之旧事物,一般来说有其合理性。学术观点也是如此,新说相对于旧说,一般来说有其合理性和说服力。作者在论文中列举不同学说之后,仅指出何者为新说,何者为旧说,表明作者赞同新说即可,也无须陈述什么理由。

第三种:择善而从。

作者在列举不同学说之后,还须依次列举各说的根据和理由,然后对各种学说进行评说,指出各说的优点与缺点,最后采纳其中最优者。采用这种方式表述自己的学术见解,不仅需要有扎实的理论基础和广博的知识,还要具有相当的思辨能力。这种方式表述的学术见解,区别于采通说、从新说的随大流、人云亦云，应当被评价为具有一定的创造性。

第四种：自创新说。

作者对于已经存在的学说均不采取，而自己提出一种新的学说：**先是要列举现有的各种学说，列举各种学说的根据和理由，对各种学说的根据和理由进行分析批评，指出各种学说的理由均有不足，各种学说均存在难以克服的缺点，均不足采，然后提出作者自己的新说。**作者提出的新说，要真正属于前人所未曾提出过的，否则不能成立新说。**还要对自己的新说进行论证，**举出充分的根据和理由证明其可以成立，并进一步指出自己提出的新说能够兼有现在的各种学说的长处，回避现在各种学说的短处。可见，采取这种方式表述学术见解最难。

尤其像民法学这样具有悠久历史的学科，其传统制度、传统理论何止经过成千上万的大脑的思考研究，已经存在各种各样的不同学说，要自创新说难乎其难。但是，也不是绝对没有可能。**一个法学学科内容何其繁杂，总会有一些课题前人研究得不够，特别是随着社会的发展、进步会产生**

各种各样的新问题,就是一些老的制度和理论也可能有重新检讨的必要。尤其我国,这套法律制度引入不过一百年,中间又有长期中断,改革开放恢复法学教育和理论研究的时间不长,没有研究过、值得研究的问题还很多;加之社会经济转型导致价值观的变化,对于过去的许多学说有必要重新检讨。即使是发达国家的立法经验和研究成果,也还要考虑是否符合中国的国情。因此,学术研究创立新说具有可能性。

上述表述学术见解的四种方法在一篇学术论文中往往交替采用。如果一律都是采通说、从新说,将被评价为缺乏创造性见解,大大影响论文的学术水准。只有运用了第三种、第四种方法,才会被评价为具有创造性见解或有独创性见解。但要都采用后两种方法,又不大可能。关键在选题、作者的基础和作者的思维能力。

(四)从什么地方找某种学说的根据和理由?从什么地方找它的优点和缺点?

某种学说的根据、理由和优点,应当从该学说的首倡者和赞同者的著作中去找；某种学说的不足和缺点，应当从该学说的反对者和批判者的著作中去找。

学术的规律性的现象是，提倡某种观点、主张、学说，总是尽可能地陈述其根据、理由，举出其具有的优点；反对某种观点、主张、学说，总是尽可能地否定其根据、理由，揭发其缺点。

（五）法学研究的难题

在将各种学说的根据、理由、优点、缺点都找到、列举出来之后，再由作者进行比较、分析，作出判断：何种学说根据、理由较充分、有说服力，何种学说根据、理由不足，存在难以克服的缺点，然后决定采取哪一种学说也就容易了。

法学与自然科学的区别，其一，不可计量、不可检验、不可实验。平常说，实践是检验真理的标准，但所谓实践，不是指一时、一地、一人或数人的实践，而是指整个人类社会或者一个、几个国家的几代人长时期（数十年、上百年）的实践，与自然科学的实验、检测、计量、计算不同。**其二，研究**

者身在研究对象之中,不能不受自己的感情、经历、知识背景、价值取向的影响,难以做到绝对的客观。往往对同一个问题有截然相反的看法、观点、理论、学说,所谓“公说公有理,婆说婆有理”。不仅如此,甚至同一位学者对同一个问题,也可能有截然相反的观点——今天这样说,明天那样说,或者在某一场合这样说,在另外的场合那样说。这就造成法学研究的困难。

(六)区分立法论与解释论

法学论文,根据内容和写作目的分为两类:立法论和解释论。法学学位论文,尤其制度型论文,往往既有解释论的内容,也有立法论的内容。其主体部分讨论国内或国外某项制度的适用范围、构成要件、法律效果,某个概念、用语的含义,以及是否存在不当和漏洞及弥补漏洞的方法和依据,属于“解释论”。其结论部分对现行制度提出批评,建议修改完善或者建议创设新的制度、制定新的法律,属于“立法论”。立法论与解释论具有截然不同的目的和规律,不能混为一谈。

立法论讨论法律的“应然”。从事立法论,可以不受任何条条框框的局限,不受现行法的局限,各尽其智、畅所欲言,可以旁征博引、评古论今。评判立法论的优劣,不是看文章的见解、建议是否符合现行法,是否可能为立法机关所接受,而是看文章的见解、立论是否有理有据,是否符合法理,是否符合我国国情和法律进步发展的趋势。

解释论讨论法律的“实然”。从事解释论,必须尊重现行法,受现行法的约束,致力于对现行法具体法律条文、制度的准确理解、解释和正确适用,即使经过你的研究发现某个具体条文、制度存在不足、不当乃至失误,你的任务也只能是在不违反本法立法政策的前提下,运用种种解释方法,对该具体条文、制度予以弥补、补救以实现其规范目的,而不是批判一通了事。

(七)独立思考、独立判断

“独立”,指不迷信书本、老师、权威;要经过自己的思考,才能转化为自己的知识,不能靠死记硬背。“思考”,指不盲目相信,由自己进行一番分析、考察。对于张三的某种观点,首先要“思考”:他所持的理由是否充分,是否有说服力,是否能够自圆其说?其次要“思考”:张三持这种观点有没有深层次的理由,与历史条件、时代背景以及张三个人的社会地位、学历、师承有什么联系?还要“思考”:张三发表这一观点,是在何种场合?是针对现行法所作的解释(解释论),还是对法律将来的修改所作的建议(立法论)?等等。

判断的标准是什么?在进行独立思考的基础上,还要进一步作出自己的判断:赞成或者不赞成,赞成何种观点。这就是在“独立思考”基础上的“独立判断”。“独立思考、独立判断”,关键在“独立判断”。**而“独立判断”的关键,又在于以什么作为判断标准。概言之,可以作为判断标准的,有两类“知识”:一类是“基本原理”,包括但不限于法律基本原理;另一类是“社会生活经验”,亦即平常所谓“常理、常情、常识”。**

例如,若干年前关于开办酒醉开车交通事故保险,曾在新闻媒体上引发激烈争论,有“赞成”与“反对”两派截然相反的观点。先看“赞成派”的主要理由:第一,符合合同自由原则；第二，法律并无禁止性规定，法律未予禁止的行为，即为合法；第三，开设此项保险，对受害人有利。其第一项理由和第二项理由，均属于以法律“基本原理”作为判断标准；第三项理由，即认为对受害人有利，系以“社会生活经验”作为判断标准。

再看“反对派”的主要理由：第一，酒醉开车是违法的，违法行为不能投保——这是以保险法“基本原理”作为判断标准；第二，如果酒醉开车可以投保，则杀人、放火犯罪行为也可以投保——这是采用“类似问题同样处理”的“类推法理”，亦属于以“基本原理”作为判断标准；第三，开设此项保险，将造成交通事故增多——刚开办这种保险，对于所产生后果并未作调查统计，何以见得会导致交通事故增多？显而易见，论者是以“社会生活经验”作为判断标准。

以“基本原理”作为判断标准，学术上的论辩大多如此，无须特别说明。而以“社会生活经验”作为判断标准，系法律的社会性使然。因为法律既然是社会规范，就应当与社会一般人的生活经验相符。法律上和法学上的争论和是非，可以“社会生活经验”作为判断标准，是笔者根据自己和前人的学术经验总结出来的，此前似未受到足够的重视。

在学术研究中,以“社会生活经验”作为判断标准的实例如下:

实例1:

王泽鉴先生对物权行为无因性理论的批判:“此项制度违背生活常情,例如现实买卖,一手交钱,一手交货,当事人多认为仅有一个交易行为,但物权行为无因性之制度将此种交易割裂为一个债权行为,两个物权行为,与一般观念显有未符。”(王泽鉴:《民法学说与判例研究1》,第267页)

王先生所谓“生活常情”“一般观念”,就是“社会生活经验”。

实例2:

王泽鉴先生对台“最高法院”1972年台上字第200号判决的批判。该判决认为当事人间存在法律关系,如契约关系,即无成立侵权行为之余地,从而否认被害人基于侵权行为而生之损害赔偿请求权。王先生批驳说:“在医生手术疏忽致人于死之情形,判决认为死者父母不能依侵权行为之规定,主张第194条(侵权行为)之请求权,医生仅应负债务不履行责任。病人既死,人格已灭,自无从主张契约责任;死者之父母非契约当事人,当无请求权,似无人可向医生追究民事责任矣！如此，当事人间若有法律关系存在时，在履行义务之际，尽可致人于死，而不负民事责任，违背常理，甚为显然，质诸‘最高法院’，其以为然否？”(王泽鉴：《民法学说与判例研究 1》，第 388 ~389 页)

王先生所谓“常理”，亦即“社会生活经验”。

(八) 关于基本见解

所谓基本见解，即写作学上所谓“主题”。

《写作学教程》指出：“主题”一词源于德语，原指乐曲中的主旋律；翻译之初，用在文学艺术创作中，用以指各种作品所表现的中心思想。文章的主题，是文章的全部内容所表达的基本思想。记叙文、说明文的主题，人们习惯称之为主题思想或中心思想；议论文的主题，称之为中心论点或基本论点(第 14 页)。

主题，亦称命题、立意、立论、意旨。

唐弢在《文章修养》一书中指出：旧时文人在谈到文章作法的时候，有所谓立意和命题，是专谈作者怎样来表现自己的思想和意见的，这正和现在的所谓主题差不多(第

92 页)。

《汉语写作学》写道:文章的立意,又称意旨、主题,它是作者的写作目的和意图、作者对客观事物的判断和态度在文章中的体现。清代戏曲理论家李渔说:“古人作文一篇,定有一篇之主脑。主脑非它,即作者立言之本意。”叶圣陶讲得更直接,他说:“写一篇东西总是为了一个目的,这个目的或者是很大的,包括许多部分;或者是一个很简单的目的,一个小目的。总之,是为了一个目的,普通的说法叫主题。”(第11页)

刘南平博士在《法学博士论文的“骨髓”和“皮囊”:兼论我国法学研究之流弊》一文(载《中外法学》2000年第1期)中说:法学博士论文应该有命题在西方是一项普遍性的要求。笔者认为有必要补充一句:文章(不限于法学博士论文)应该有命题,在中国同样是一项普遍性要求。

前已述及,学位论文的基本见解,是指作者通过本课题的研究所得出的基本观点,本论文所要告诉读者的主题思想。**如果没有基本见解,就不成其为学术论文,作者所作的全部工作将沦为资料的整理工作。一个研究课题进行到最后,一篇学术论文写到结尾,照理自然会形成、产生其基本**

见解。作者只是将其表达出来罢了。

对基本见解的第一个要求：要有胆识，要敢于坚持真理。

在某些学科、某些课题的研究中，可能发生某种风险。例如，得出的基本见解与传统、通说相反，甚至与占支配地位的，受到政治、政策支持的学说相冲突，可能被视为异端邪说，可能招致某种不利的后果。这对作者能否坚持科学的、实事求是的精神是一个考验。

鲁迅有一篇杂文，题目叫《立论》，讲一个学生向先生求教如何立论，相当于我们说的表达基本见解。先生讲了一个故事：一家生了个儿子，满月抱出来见客，第一个客人说这孩子将来是一定要发大财的，第二个客人说这孩子将来是一定要当大官的，第三个客人说这孩子将来是要死的。说一定要发大财、做大官明明是谎言，却得到主人的感谢和热情款待；说孩子将来是要死的明明是真理，却遭到一顿痛打。学生问，我不愿说谎，也不愿挨打，应该怎么说？这就是人文社会科学学者所面临的难题。因此，我们从现在的出版物中常常看到不少论文基本见解陈腐，或者追赶、迎合某种需要，或者缺乏基本见解。

中国社会科学院研究生院前院长温济泽教授,经常用一句前人诗句来勉励学生:**“删繁就简三秋树,领异标新二月花。”前一句是讲学术论文的结构,后一句就是讲学术论文的基本见解,要敢于坚持真理、敢于创新、敢于出新。**当然,这里所说的领异标新,是实事求是地进行科学研究的结果,绝不是故意去追求标新立异,哗众取宠。

对基本见解的第二个要求:要有预见性、超前性。

等到立法机关已经着手制定该项法律了,你才主张制定该法律的必要性,大声疾呼,有什么用?!

对基本见解的第三个要求:要既符合中国国情,又与国际相通,并合乎法理,顺应法律发展的潮流。

下面举一个博士论文的实例:

“过错”的死亡

——中英侵权法宏观比较研究及思考

第一部分　侵权法若干前提性问题的中英比较研究

第二部分　侵权法归责原则问题的中英比较研究

第三部分　侵权责任构成要件问题的中英比较研究

第四部分　深入思考与建议

本文基本见解 1：

主观过错说的理论前提是：人是有理性的动物，人能够按照社会的行为规范自觉地选择合理的行为并能够通过控制自己的行为而达到控制行为结果的目的。之所以如此，是因为人的意志是自由、自主、自足的，人有辨别是非善恶的能力，有自我控制能力（第 143 页，第 2 自然段）。为求证主观过错说的所谓“人是有理性的动物”这一论断的正确性，笔者决意采取这一方法，即求证于生活本身。于是，我们很容易地发现：人，并不像我们的理论家和先哲们所预言和推断的那样，是“有理性的动物”（第 144 页，第 1 自然段）。笔者认为，从整体而言，我们可以发现人是一种十分无理的愚蠢的动物（同页，第 2 自然段）。生活本身已经明明白白地告诉了我们，人并非“有理性的动物”（同页，第 3 自然段）。总之，主观过错说所据以存在的理论前提——“人是有理性的动物、有充分的意志自由”的论断既不符合生活实际，也不符合科学规律，因而是站不住脚、不能成立的（同页，第 4 自然段）。

对基本见解1的评论:

人是有理性的动物,恐怕不仅是主观过错说的理论前提,而是一切法律制度、法律理论的理论前提。不仅如此,它是人之所以区别于动物的标准,是人类社会之所以存在的基本前提。如果人不是有理性的动物,且不说我们不可能建构国家、家庭、社会、经济制度,试问:作者何以能够进行学术研究,撰写博士论文?何以能够对中国和英国的侵权法进行比较研究?何以能够对所谓主观过错说进行批判?何以能够宣告“过错的死亡”?何以能够建构作者所谓的“后过错侵权法”?如果人不是有理性的动物,答辩委员会九位成员也就与虎、豹、豺、狼无异,何以能够对作者提出各种问题?何以能够判断作者的答辩的对错?何以能够对作者的论文的学术水准进行判断?作者三年所从事的工作和答辩委员会今天所从事的工作还有什么意义?即使要标新立异,也大可不必挑战“人是有理性的动物”这一人类社会赖以存在的基本哲学前提!实际上,作者将自己论文提交答辩的事实本身就已经批驳了作者自己这一基本见解。

本文基本见解 2：

本文以中英侵权法比较研究为手段，对侵权法的核心问题即归责原则与责任构成要件问题进行了深入探讨和思考，从而得出结论：建立在过错责任原则基础上的我国现行归责原则和责任构成要件理论存在从宏观到微观、从理论到实践的诸多不可克服的问题和缺陷，应当被彻底抛弃。在此基础上，论文还进一步提出了取而代之的全新理论（内容提要，第 1 页）。19 世纪奉献了主观过错说，20 世纪流行了客观过错说，那么 21 世纪呢？21 世纪的中国究竟应该奉献给世界一部怎样的侵权法？笔者认为，这至少应该是一部彻底荡涤了“过错”的阴魂、摆脱了“过错”的梦魇的侵权法。我们该如何命名这样的侵权法呢？也许用最时髦的语言，我们可以把这样的侵权法称为“后过错侵权法”。因为这样的侵权法是在解构了“过错”，彻底抛弃了“过错”的“话语”之后重新架构的侵权法（结语，第 216 页）。

对基本见解 2 的评论：

我们注意到，作者没有明确本文所说的“过错”的死亡，究竟是“完成时态”即“已经死亡”，还是“现在进行时态”即

"正在死亡",抑或"将来时态"即"将要死亡"?如果说是"已经死亡"或"正在死亡",则应当提供这方面的证据,例如,至少举出一两个法律条文或者法院判例。我们注意到,作者也没有明确"过错"是仅仅在中国侵权法上死亡,还是在中英两国的侵权法上死亡,抑或在全世界各国的侵权法上都毫无例外地死亡。如果说仅仅在中国侵权法上死亡,或者仅仅在中英两国侵权法上死亡,而在世界上的其他国家的侵权法上并不死亡,则中国的民法学者是否认同?英国的法学家是否认同?如果说在全世界各国侵权法上都毫无例外地死亡,则作者何以仅仅对中英侵权法作比较研究,便能够得出这样的论断?德国、法国、日本、美国的侵权法学者是否认同?

本文基本见解3:

笔者认为,在一部分领域,侵权法将死亡;在另一部分领域,侵权法仍将继续存在、长期存在。具体而言,侵权法将从人身伤害赔偿领域逐渐退出直至彻底死亡,而在其他领域仍将会长期存在。笔者坚信,一定会有那么一天,一切对生命健康权的损害将不问原因地得到赔偿:无论是被车压致伤致残还是自己不慎跌倒致伤致残，无论是被疯狂的歹徒所袭击致伤致残还是后天疾病所致伤致残，也无论这些伤残发生在城市还是农村，所有的有伤残的人将一律得到必需的补偿：必要的生活费、医疗费、护理费。到那时，一个被有钱的车主压残的小姑娘可以拿到几十万元赔偿费用，而一个在七岁时因患小儿麻痹症瘸腿的农村小男孩却不得不面临得不到任何救济与资助的局面再也不会存在了。（结语，第221页）

对基本见解3的评论：

作者不仅宣布了“过错”的死亡，还进一步宣布了“侵权法”在人身伤害赔偿领域的死亡（这显然超出了论文题目的范围）。作者如此“坚信，一定会有那么一天”，侵权法在人身伤害赔偿领域死亡，却没有注意到早在一百多年前，马克思主义的创始人就已经在《共产党宣言》中宣布了必定“会有那么一天”，而且不仅仅在人身伤害赔偿领域，不仅仅是侵权法，包括侵权法在内的一切法律，都毫无例外地必将死亡！更令人奇怪的是，作者居然没有注意到属于英国法系的新西兰1972年《意外事故补偿法》，该法生效之时，新西兰的侵权法在“人身伤害赔偿领域”就已经“死亡”了！作者也没有注意到受委托检讨英国人身伤害赔偿领域法制的皇家委员会于1978年提出的《皮尔逊报告》,曾经建议英国采纳新西兰的立法经验。应当说,这两项法律文件是证明作者这一基本见解的“有力证据”。当然,这两项法律文件也同时证明了:这一基本见解不具有作者所自认的“创新性”。

小结:

必须指出,你的基本见解无论如何新颖,无论如何超前,一定要有起码的根据,亦即能够自圆其说。不能自圆其说的所谓创新,于法学理论和法律实务无任何实益可言,不过是毫无意义的空气振动罢了。

六 文章

答辩委员会成员和专家评审硕士、博士论文时,有一个内容是从文章写得好不好的角度,对论文作评价。有的学校的学位论文鉴定书格式文本上,只要求评价论文的文字是否准确、流畅,这显然不够。从文章写作的角度评价学位论文,应当不限于文字功夫,因此我将学位论文的第六个要素称为"文章",它的含义是"文章写得怎么样"。

(一)文体

在文章这个要素当中,首先一个问题是"文体",即所要评定的硕士论文、博士论文是否符合学位论文的文体。

这里需要对文体稍加说明。什么是文体?文章的文体,又称文章的体别、体裁,一般说来,指对文章所作的分类。

文章,因所采标准不同,有各种分类:依作者风格进行分类,有所谓苏体、陶体、韩体、柳体;依是否押韵,有所谓骈体即韵文体，以及散体即无韵文；依形式和对象，有所谓骚、赋、颂赞、哀吊、论说诸体；依是否接近口语，有所谓文言与白话；等等。

虽说有各种不同分类法，但有一点是可以肯定的，这就是：文体，指文章的类别。

清末重臣曾国藩将文章区分为三门十一类：

第一，著述门，包括论著类、词赋类、序跋类。所谓论著类指著作之无韵者；词赋类指著作之有韵者；序跋类指为他人之著作序述其意者。

第二，告语门，包括诏令类、奏议类、书牍类、哀祭类。所谓诏令类指上告下者；奏议类指下告上者；书牍类指同辈相告者；哀祭类指人告于鬼神者。

第三，记载门，包括传志类、叙记类、典志类、杂记类。所谓传志类指记人者；叙记类指记事者；典志类指记政典者；杂记类指记杂事者。

在唐弢所著的《文章修养》一书中，作者认为曾国藩的分类没有贯彻一致的标准，算不得精密，并提出自己的分类，有三类：

第一类记叙，专写客观事物；

第二类论辩,着重于是非的判别;

第三类抒情,偏于感情的抒发。

其中第二类论辩文体,中学语文课上称为议论文、论说文。凡是发表自己的主张,阐明某个观点,解释某种理论,批评客观的存在,用自己的思想、观点去说服他人,均属于这一类。

论辩文体与其他文体如记叙文体、抒情文体的区别在“论”,即论述、论证、论辩、论说,因此通常简称论文。论文以是否具有学术性为标准,划分为学术论文与非学术论文。

非学术论文即报纸、期刊杂志、网络上发表的论文,如社论、评论、短论、特约评论员文章。

学术论文,再分为一般学术论文与研究性学术论文(学术研究论文)。一般学术论文指学术刊物上的学术论文;研究性学术论文指长篇专题研究论文、硕士学位论文、博士学位论文。这是以研究性作为划分标准对学术论文文体的再划分。

我在前面已经谈到,一般论文下笔之时,所要表达的思想、观点、主张已经存在了,无须再作什么研究,只须予以解释、论说、表达。而学术研究论文下笔之时,并没有这样的思想、观点、主张，只是确定了一个研究课题、研究对象、研究范围，经过研究之后才可能产生、形成思想、观点、主张。

这个区别在论文题目上就表现出来：

一般学术论文的题目必须用决断的语气，或者肯定，或者否定。即使用了疑问的语气，其实际的意思仍然是肯定的。但学术研究论文，就不能这样，**学术研究论文的题目不能是论断**。

例如，“论宪法是依法治国的总章程”就是一般学术论文的题目，而不是学术研究论文的题目。因为作者关于宪法在依法治国中的地位和作用的观点已经存在，仅须予以解释、说明、表达就够了，无须再做什么研究。

“论宪法在依法治国中的地位和作用”，这不是一个论断，究竟是一种什么样的地位和作用，尚有待于进行研究。这就是学术研究论文的题目。

除题目集中反映文体外，文章中间的标题也要符合文体。

一般学术论文，文章中间的标题也应当是一个论断，采用肯定或否定的语气；学术研究论文则相反，学术研究论文每个部分的标题，不能够采用肯定或否定的语气，不应是一

个论断,只能够确定该部分的研究对象、研究范围。

例如,《法学研究》1999年第5期发表的一篇文章,刘士国的《安全关照义务论》。从题目看,其只是表述本文研究的对象是“安全关照义务”。究竟作者有关安全关照义务的观点、主张是什么,是认为很重要,主张我国法律应当规定此项义务,还是认为所谓安全关照义务没有什么价值,主张我国法律无须引进此项概念?从题目无从判断。这就符合学术研究论文的文体。

再看该文中间的标题:

一、问题的提起

二、比较法上的观察

三、对外国学说的评析

四、履行辅助者、举证责任

都不是论断,不采用肯定、否定语气,符合学术研究论文文体的要求。这是一篇专题研究论文。

再举一篇硕士学位论文,《民商法论丛》第37卷发表的罗发兴的《合同法上的减损规则研究》一文,其本论分七章:

第一章　减损的性质

第二章　减损规则的理论基础

第三章　减损措施合理性的判断

第四章　减损措施的类型化分析

第五章　减损规则与相关制度的关系

第六章　减损规则对损害赔偿数额的影响

第七章　减损规则对预期违约中非违约方选择权的影响

七章的标题均不是论断，不采肯定、否定语气，只是表明研究对象。

再以张利春的博士论文《日本民法中的利益衡量论研究》为例，其本论分为四章：

第一章　利益衡量论产生的背景

第二章　利益衡量论的内容

第三章　利益衡量论的影响

第四章　利益衡量论的再评价

四章的标题均不是论断，不采肯定、否定语气，只是表明研究对象。

学术研究论文的思想、观点、主张，产生于研究过程的结尾，基本见解表述在结论部分；关于各章、各节的研究结果表述在该章、节的结尾，有的在每一章后面设一节小结，在每一节后面设一段小结。这是学术研究论文文体所决定的。

(二)文字

与学术研究文体相适应,还应当谈到“文字”、“文风”、“文采”和“文气”。

1. 学术研究所要求的“文字”

首先当然是:准确、流畅,符合语法、文法。别的文体常用的一些修辞手法,不能用,或者一般不能用。例如,抒情、描写、夸张、比喻、拟人等。科学家在讲解什么是“相对论”时说:你如果和一位年轻漂亮的女孩待在一起,总觉得时间过得太快,两个小时过去了,总觉得还不到半小时;反之,让你和一位又老又难看的老头或老太婆待在一起,恐怕半小时你也耐不着,心里尽埋怨,时钟是不是停了,感觉真是度日如年——这就是相对论。这就是比喻。但爱因斯坦研究、证明相对论,能够这样吗?社会科学研究也是如此。

2. 学位论文的“文风”

所谓“文风”,指文章的风格。

(1)第一项要求:**避免外语的风格**

学术研究论文,常常引用许多外文资料,容易受外文风格的影响,例如外语多用从句,尤其是定语从句、状语从句,甚至主语也是一个从句。中文很少用或者几乎不用从句;还有倒装句,中文也很少用。外语中复合句很多,中文都是单句。**如果不是直接引语,应当尽量避免外语句式。否则,读者觉得不像作者的研究成果,而像是外文的翻译。**举例如下:

实例1:

对于经济分析的方法,Canaris也持有批判的态度,他认为,虽然经济观点对于交易安全义务发展的相关性是无争议的而且长期以来被承认为是不言自明的,但借助于“经济分析”并不能比不考虑它时总结出更精确的合适标准,而且对于难懂的术语的更多的投入(Mehraufwand)经常和所获得的站得住脚的观点(sachhaltigen Argument)不成比例。

实例2：

在未得到规范维护的墓碑使行人受伤时，不仅墓地的主人，如果他们对墓地享有控制力的话，而且墓地的管理机构也可能因为他们将墓地朝公众开放了而承担责任。

实例3：

从国家的观点看，更倾向于第二种责任，因为第839条第2款存在着大量对国家有利的规定，如在过失的情况下，公务员(和国家)仅在受害人不能从其他来源获得赔偿时才承担责任，但如果受害人有权获得的是保险基金(无论是源自公共保险还是私人保险)，第839条下的责任就不能得到免除。

(2)第二项要求：**避免口语化**

学术研究论文如果通篇都采用口头语，一是不经济，难免冗长、拖沓；二是许多专业概念、学术概念不能改用口头语。例如，“要约”不能写作“关于订立合同的建议”，“承诺”不能写作“关于同意订立合同的答复”。所谓“但书”“但什么什么除外”“但什么什么不在此限”，不能写成“但是，什么什么在外”“但是，什么什么不受此项限制”。**三是口头语、白话，看似易懂，实际上含义模糊，难以做到准确。**

下面举例：

实例1：

如果一个对抗条款使某个权利不存在了，那么它就是抗辩，也就是说，一个权利因为该条款根本就没形成或者虽然起初形成了，但是后来又灭失了。如果权利根本没形成，就叫阻止权利生成的抗辩，如果已生成的权利后来又灭失了，就成为使权利消灭的抗辩。与此相反，抗辩权并没有触及权利的存在，而是阻止或限制权利的可执行性。附有抗辩权的权利虽然是存在的，但是不能，或者不能完全得以实现。抗辩权的后果分为暂时的和永久的，即权利永久不能得以实现，或暂时阻止或限制权利的实现。

实例1的改定稿：

如果一个对抗条款使某个权利不存在，此即抗辩。换言之，一个权利因为该条款根本未成立或者虽然成立但嗣后消灭。如果权利根本未成立，即称为阻止权利成立的抗辩；如果已成立的权利后来消灭，则称为使权利消灭的抗辩。与此相反，抗辩权并不影响权利的存在，而是阻止或限制权利的可执行性。附有抗辩权的权利虽然是存在的，但是不能实现或者不能完全实现。抗辩权的后果分为暂时的和永久的,即权利永久不能得以实现,或暂时阻止或限制权利的实现。

实例2:

一个精神不正常的祖父送给他的孙女一幅非常有价值的画。孙女知道爷爷的病情。29年后祖父去世了,财产被他的儿子继承了。当他知道这幅画也属于被继承的财产的时候,他同意他的女儿以借的方式继续保留这幅画,两个人都不予以承认其他的权利。过了不久爸爸改变主意了,向女儿要回该画。为了使她爸爸的请求权落空,女儿把画转给了一个熟人,但是这个熟人不是善意第三人,并没有取得画的所有权。爸爸用了一年多的时间才找到这个买画的人。

实例2的改定稿:

一个有精神障碍的祖父送给他的孙女一幅非常有价值的画。孙女知道祖父的病情。29年后祖父去世了,财产被他的儿子继承。当他知道这幅画也属于被继承的财产之时,他同意他的女儿以借用的方式继续保留这幅画,两个人都不愿意承认其他的权利。不久父亲改变主意,向女儿索要此画。为使她父亲的请求权落空,女儿将画转让给了一

个熟人，但是这个熟人不是善意第三人，并未取得画的所有权。父亲用了一年多的时间才找到这个买画的人。

当年新文化运动的领袖人物梁启超先生和胡适先生反对文言文，提倡“口语体”，主张“怎么想就怎么说，怎么说就怎么写”。但两位先生后来发现，在讲课、讲演和写报刊文章时不难做到“怎么想就怎么说，怎么说就怎么写”，但在撰写学术论文时就难以做到。用“口头语”“白话”写学术论文，一是冗长不堪；二是看似易懂，实际上含义模糊，难以做到准确。于是两位先生修正了自己的主张，认为学术论文不能全用白话，当然也不能全用文言，其风格应介于“文白之间”。我们可以看到，两位先生的报刊文章和讲演是白话文，而发表的学术论文属于半文半白。因此，学术研究论文，特别是学位论文要避免“口语化”（全用文言已不可能），应当使用许多有生命力的文言词语（许多法律概念本身就是文言词语），整个风格介于文（言）、白（话）之间。

(3)第三项要求：**使用法律概念**

例如，“阐释学”与“解释学”，可能在一般语义上没有不同。“阐释”与“解释”,在非法律领域,可以说是同义语。但在法律领域,就只能用“解释”,不能用“阐释”。你查查日本的法律文件和法律著作,有没有把法院、法官、法学者对某个法律文本、法律条文的“意见”称为“阐释”的?伽德默尔等的哲学,中文叫“哲学解释学”“哲学阐释学”“哲学释义学”,均无不可,但“法律解释学”不能叫“法律阐释学”“法律释义学”。日本20世纪50年代的法解释论争,产生的一大批著作里,没有用“法律阐释学”“法律释义学”的,都叫“法律解释学”,理由何在?中国现行《宪法》第67条规定,全国人民代表大会常务委员会行使“解释宪法”“解释法律”之职权,而不说“阐释宪法”“阐释法律”,理由何在?“阐释”“释义”均非法律概念!

“解释”是法律概念,它与裁判、裁判权、解释权、有权解释、司法解释、裁判解释、学理解释、解释规则、解释文件、解释拘束力等法律概念密切联系。**法律和法律学,无论吸收何种“知识”,都要融入、纳入固有的法律概念体系之中,不容许游离于固有法律概念体系之外。必须掌握、运用法律概念体系进行思维,而不是用自己喜欢的别的领域的概念取代法律概念进行思维。**在我国,“上诉”就是“上诉”,既不能叫“上告”，也不能叫“控诉”！

(4)第四项要求：**使用特定法律学科的法律概念**

例如，“批准”和“认可”(“承认”)，从产生的效力结果来看似无不同，但“批准”是行政法上的概念，“认可”(“承认”)是民事法律上的概念。“批准”是行政权力的行使行为，申请人依行政程序提出申请，受理申请的行政机关给予“批准”，因此“批准”总是与“行政权”和“行政程序”相联系。“认可”(“承认”)是“司法权”(“裁判权”)的行使行为，对于涉讼的此前已经存在的当事人的某个行为、某个意思或者某种关系、某一事实，法庭表示肯定的意见，即予以“认可”(“承认”)，从而使其发生法律效力、受法律保护。因此，“认可”(“承认”)总是与“裁判权”和“民事程序”相联系。你看，日本法院的判决、我国人民法院的判决，有用“批准”的吗？

下面是引自法律思想网的实例——查士丁尼《法学阶梯》Ⅰ.2.1.40 第二句的译文：

徐国栋译：

事实上，批准自愿的人将其物转让给他人，这没有任何不符合自然衡平的,就像这没有任何不符合所有人的意志的一样。

Maxm 译:

如果一个人想把某物转让给另一个人,有什么比承认这一意图的效力更符合自然公正之原则的呢?

张企泰转译:

所有人既然愿意把他的物移转于他人,这种意愿应予承认,这是最符合自然公平的道理的。

陈华彬转译:

因为没有什么比尊重想将其物转让给另一个人的所有权人的意志更符合自然的公平。

作为对照,我们看英国人和美国人的翻译:

Black's Law Dictionary(1979)翻译:

Nothing is so consonant to natural equity as to regard the intention of the owner in transfering his property to another.

Cornell University Press(1987)翻译:

What could be more in line with natural justice than to give effect to a man's intention to transfer something of his to another?

显而易见，在上述多种表达中，用“承认”一语是适当的，而用“批准”一语是不适当的，因为不符合民事法律的性质。“承认”是民事法律上的概念，“批准”是行政法上的概念。有的教授因为弄不清楚这些概念的差别，而受到学生和读者的嘲笑。**也有人故意使用自己发明的或从别的领域搬来的“词语”，以显示学问高深。须知不同法律学科的法律概念，差之毫厘，谬以千里，不可不辨！**

3. 学位论文的“文采”

学术研究论文往往缺乏文采，读来枯燥无味，引不起阅读的兴趣。有人会说，学术研究论文，既然不能使用夸张、比喻等手法，就难以避免枯燥呆板。但是，学术研究论文也确有不枯燥呆板而具有文采的。**大致有以下几个要点：**

（1）要避免段落过长

一个自然段七八百字、上千字，连续两三页，读起来很累，能不枯燥吗？

(2)句式要有所变化

同一个意思可以用不同的字、词表达,同一个句子可以有不同的写法。只要将字、词位置稍作调整,就可以求得句子的变化。唐弢在《文章修养》中举了一个例子:

昨天下午我和两个同学到法国公园去散步。

我和两个同学到法国公园去散步是在昨天。

昨天下午到法国公园去散步的是我和两个同学。

昨天下午我和两个同学去散步的是法国公园。

我于昨天下午和两个同学到法国公园去散步。

我和两个同学于昨天下午到法国公园去散步。

法国公园是昨天下午我和两个同学去散步的地方。

我是昨天下午和两个同学到法国公园去散步的。

这就有八种不同的句式。

前引查士丁尼《法学阶梯》I.2.1.40第二句的译文:

事实上,批准自愿的人将其物转让给他人,这没有任何不符合自然衡平的,就像这没有任何不符合所有人的意志的一样。(徐国栋译)

如果一个人想把某物转让给另一个人,有什么比承认这一意图的效力更符合自然公正之原则的呢?(Maxm译)

所有人既然愿意把他的物移转于他人,这种意愿应予承认,这是最符合自然公平的道理的。(张企泰转译)

因为没有什么比尊重想将其物转让给另一个人的所有权人的意志更符合自然的公平。(陈华彬转译)

这就有四种不同的句式,如果不考虑原文,则还可以变化出许多种句式。

第一次写下的句式,觉得不妥当,可以稍作调整,换成另一种;仍不妥当,再换一种,直到认为妥当为止。

如果一个段落中有两个句子的句式一样,就显得呆板,读起来不舒服。请看《文章修养》举的例子:

两人的脾气是不同的。自然,相通之点是有的,但比较起来,差别是显然可见的。

再看《中华读书报》(2004 年 2 月 25 日,第 22 版)上的例子:

他首先指出我所谓的不公平的税收制度这种说法是错误的,税收制度是公平的。当然,法律对逃税者的惩罚是很严厉的,严厉到使任何人都觉得为一次逃税而造成终身悔恨是划不来的。

这两个例子,文法上并无毛病,但因为连用几个"是……

的”句式,就显得非常呆板。如果变化一下,使句子的句式有所不同,就生动了。这就是所谓“单句忌同”。

(3)要讲究句子的长短变化

平常对于写文章的要求,有“惜墨如金”的说法。大意是说,一个句子能够表达的意思,绝不用两个句子;一个较短的句子能够表达的意思,就绝不用较长的句子。**写文章应当要求简短,但不能误以为越简短越好。这里有一个前提:意思准确和完整。**冗长而多余的字、词,当然应当删除,因为删除并不影响意思的完整,反而更准确。但不能为追求简短而损害意思的准确和完整,应当在意思明确、完整的前提下,讲究句子长短的变化。

一篇文章不能全用长句,也不能全用短句;既有长句,也有短句,长短相间,不仅有了变化,而且产生抑扬顿挫,避免呆板,有了文采。

不当长句的实例1:

本文的目的即旨在通过研究德国侵权法上的交易安全义务理论在德国侵权法中的功能演变以反观最高法院司法解释中引入的安全保障义务在我国侵权行为法体系乃至整

个民法体系中可能发挥的功能，以期为我国侵权行为法基础理论的发展提供一种比较法上的智识背景，推动我国民法典特别是其侵权行为编的立法，并为我国司法实务的操作提供良好的借鉴和可资利用的标准。

不当长句的实例2：

对于经济分析的方法，Canaris 也持有批判的态度，他认为，虽然经济观点对于交易安全义务发展的相关性是无争议的而且长期以来被承认为是不言自明的，但借助于"经济分析"并不能比不考虑它时总结出更精确的合适标准，而且对于难懂的术语的更多的投入(Mehraufwand)经常和所获得的站得住脚的观点(Sachhaltigen Argument)不成比例。

不当长句的实例3：

从上述学者的论述来看，就交易安全义务对无权利人或不法行为人的保护问题而言，都认为儿童应当受到优先保护，因为儿童具有很强的好奇心，而且不具有完善的是非判断能力，即使非法闯入他人的土地，土地的所有权人也应当对其承担交易安全义务，而对其他的无权利人或不法行为人，德国学者的认识并不完全统一，但都认为并非一律都不予以保护,而是应当有所限制,不过,这以土地的所有权人已尽到最低限度的交易安全义务,如进行警告等为前提。

4. 关于"文气"

究竟什么是文气?一篇文章,句子的构成,或长或短,或张或弛,彼此并不一致,因此读起来的感觉及读出来的声音,就有高低、强弱、缓急,产生抑扬顿挫,这就是文气。

由于标点是传达说话的语气的,因此往往决定文章的气势。大抵用"句号"则声音由高而低,文气也就由扬转抑;用"疑问号""感叹号"则尾音上升,文气也就由抑转扬。须注意以下要点:

(1)标点符号错杂运用

一篇文章,不应当全用句号,也不可能全用疑问号、感叹号,应错杂运用,使文章抑扬有度,形成文气的跌宕。

(2)句子长短变化

"文气"也与句子的长短有关。大抵句短则气势紧凑、急促，句长则气势迂缓、松弛。有了长短变化，就形成文气跌宕，有抑扬、急徐、张弛的变化，有节奏感、有气势、有气魄。注意了这些要点，文章就会有“文气”，避免了枯燥呆板，就是好文章。

七　社会责任

学术论文最后一个要素是社会责任。社会科学以社会为研究对象,研究者本人就生活在社会中,属于社会的一个成员。这与自然科学以自然、物质存在为研究对象不同。因此,学术研究没有绝对的客观标准。在法学研究中,曾经有人主张以是否符合历史发展的方向作为判断正确与否的标准。问题在于历史的发展不是直线的,而是曲折的,有时还是迂回的。处在历史的某个时段,会认为某种学术观点、主张、学说符合历史发展的方向,断定其为真理;但在若干年后将会发现,该学术观点、主张、学说其实是谬误。这与判断"日心说""地心说"是否正确、是否属于真理不同。因为地球终归在围绕太阳转动。

因此,学术研究容易受到作者的主观性的影响,甚至出现迎合某种需要的所谓媚俗、媚上的现象,出现学术的泡沫化现象,于是产生学者的社会责任问题。**在从事法学学术研究时,要有科学的精神、正义的追求和独立的学术人格,要有对国家、民族负责的责任感。每提出一种新观点、新主张、新学说,每提出一项对策建议、立法建议,都要考虑是否**

符合法律正义，是否符合人权、民主、法治国，要对国家、民族、人民负责。

学术研究要讲社会责任，不是总要追求什么创新、什么自己的见解，我们要对子孙后代负责。你对自己在论文中所得出的基本见解、所提出的立法建议或修改法律的建议，一定要负责任。须知我们是在讨论国家的立法，你的观点和建议，不仅关系到我们这一代人的权利，不仅关系到我们这一代人的行为准则，也是在为中华民族、为我们的子孙后代制定行为规则，是在处分我们的子孙后代的权利！在处理如此严肃、重大的事情的时候，怎么能够掺入个人名利的考虑?！怎么能够容许有任何的轻率和随意性?！你在论文中表述的见解、提出的立法建议，将成为立法机关制定法律、修改法律的参考，一定要慎重，不要轻率地提一个什么立法建议，要有社会责任心，要对学术负责，要对子孙后代负责。对这个问题，在今天怎么强调都不过分。

学位论文的写作，是最严肃的学术研究。一定要慎重对待！一定要自觉抵制学术领域的浮躁之风！勿使钻研变成钻营，创作变成炒作，学术变成权术，学术界变成名利场！

结　语

据我所知,法学院校并无讲授学位论文写作方法的课程,不知其他学科是否也如此。我于20世纪90年代初受王家福先生的委托,协助王先生指导民法博士研究生,将自己摸索的研究写作心得,概括为学术论文写作“七要素”,尝试在第二学期用半天时间讲授。听课的博士研究生反映对他们的学位论文写作颇有帮助。我间或也在一些院校对硕士研究生讲授,但一直没有形成讲稿,只是一个提纲,也一直没有公开。因心中存有疑虑,担心是否将研究生引入一种形式主义,或者被指为一种“八股”。后来我在2000年春节期间整理成讲稿,2004年2月再次进行补充整理,然后以电子版形式在一些研究生中流传。

鉴于研究生招生的规模不断扩大,社会普遍反映学位水准下降。不少硕士学位论文甚至博士学位论文,不仅学术水准低、内容单薄、见解陈旧,甚至不符合学位论文的形式要求。而许多研究生如果掌握学位论文的写作方法,是可以写出较高水准的学位论文的。因此,于2004年6月进一步补充整理后分为三篇,在中国法学网、中国私法网公开发表。

法律出版社蒋浩先生在网上看见这三篇讲稿，认为如果出版纸质单行本，将更便于流布，建议由该社出版。按照编辑要求，于 2005 年 7 月再作补充修改定稿。我曾参考唐弢所著《文章修养》、徐振宗等编著的《汉语写作学》和焦垣生主编的《写作学教程》等著作，特此说明。

2005 年 7 月 13 日于城南清芷园